Système de Gestion de Bases de Données Géospatiales

Geo Report

2023

Préface

Naviguer vers l'avenir avec Geo Report

Cher lecteur,

C'est avec grand plaisir que nous vous accueillons dans le monde de la technologie, de l'analyse des données géospatiales et de la formation continue à travers cet ouvrage. Ici, vous entrerez en contact avec les concepts les plus avancés et les informations les plus récentes dans un scénario en constante évolution, guidé par Geo Report, une entreprise passionnée par l'éducation et l'innovation.

Geo Report est bien plus qu'une simple entreprise ; est un projet dont la mission est d'éclairer le chemin de ceux qui souhaitent explorer la frontière de la connaissance. Fondée en tant qu'EdTech et GISTech, Geo Report propose des services allant de la génération de rapports de renseignement à la production de ressources pédagogiques qui permettent aux individus et aux organisations de relever les défis du monde moderne.

Rapports d'intelligence et d'analyse des données géospatiales: Imaginez prendre des décisions stratégiques basées sur des informations précises et à jour. Geo Report utilise une technologie de pointe pour aider les entreprises et les organisations à transformer les données géospatiales en informations précieuses, offrant ainsi des avantages concurrentiels significatifs.

Formation continue: L'apprentissage est un voyage sans fin, et Geo Report s'engage à être votre guide dans ce voyage. Nos livres et matériels pédagogiques promeuvent à la fois les concepts de base et les connaissances avancées sur la technologie, aidant les étudiants, les professionnels et les passionnés qui cherchent à s'améliorer et à prospérer dans un monde axé sur l'innovation.

Mise à jour technologique: Dans le monde technologique en constante évolution, être obsolète peut être un inconvénient majeur. Geo Report surveille de près les tendances technologiques émergentes et partage ces informations avec vous, vous assurant ainsi d'avoir toujours une longueur d'avance.

Ce livre n'est que l'un des nombreux outils proposés par Geo Report pour vous permettre de naviguer dans le vaste océan de la technologie. En parcourant ces pages, vous vous préparez à embarquer pour un voyage qui vous mènera à découvrir la puissance de l'analyse des données géospatiales, à comprendre les concepts technologiques essentiels et à rester au courant des dernières innovations.

En plongeant dans le contenu de cet ouvrage, n'oubliez pas que Geo Report est à vos côtés, prêt à vous guider et à vous accompagner dans votre quête de connaissance et d'excellence technologique. L'avenir est votre toile vierge, et nous sommes là pour vous aider à dresser le tableau le plus brillant possible.

Bonnes études et un parcours d'apprentissage plein de découvertes !

Cordialement,

Collaborateurs de rapports géographiques

Chapitre 1 : Introduction aux systèmes de gestion de bases de données géospatiales

1.1. Qu'est-ce qu'une base de données géospatiale ?

Une base de données géospatiale, en termes simples, est un système de stockage d'informations qui traite des données liées aux emplacements géographiques. Sa fonction fondamentale est d'organiser et de stocker des informations ayant un lien avec des endroits spécifiques sur Terre.

Imaginez que vous ayez une carte numérique sur votre téléphone. Cette carte utilise une base de données géospatiale pour stocker des informations sur les routes, les bâtiments, les points d'intérêt et bien plus encore. Lorsque vous recherchez un restaurant à proximité ou obtenez un itinéraire vers une destination, la base de données géospatiale vous aide à trouver et à afficher ces informations au bon endroit sur la carte.

Une base de données géospatiale aide à conserver et à accéder aux informations liées aux emplacements géographiques, ce qui nous permet de comprendre, de naviguer et de prendre plus facilement des décisions en fonction de l'emplacement. Il est essentiel dans de nombreuses applications telles que les systèmes GPS, l'urbanisme, l'agriculture de précision, etc.

1.2. Importance de la gestion géospatiale

La gestion géospatiale joue aujourd'hui un rôle essentiel en raison de son importance croissante dans plusieurs domaines. Cela implique la collecte, le stockage, l'analyse et la présentation de données liées aux emplacements géographiques et est essentiel pour plusieurs raisons, offrant une gamme d'avantages dans des domaines tels que l'urbanisme, l'agriculture et la prise de décision. Voici quelques raisons pour lesquelles la gestion géospatiale est si importante :

1. Planification urbaine efficace : dans le contexte de villes en croissance, la gestion géospatiale facilite l'analyse des données sur l'utilisation des terres, les infrastructures et les transports. Cela permet une planification urbaine plus efficace, aboutissant à des villes plus durables, accessibles et agréables pour les résidents.

2. Agriculture de précision : L'agriculture moderne repose fortement sur la gestion géospatiale. Les agriculteurs utilisent les données géospatiales pour optimiser l'irrigation, l'application d'engrais et de pesticides, ainsi que pour surveiller les cultures. Cela

augmente la productivité et réduit le gaspillage de ressources.

3. Gestion des ressources naturelles : La conservation des ressources naturelles, telles que les forêts, les rivières et les zones protégées, dépend de la gestion géospatiale. Les données géospatiales aident à identifier les zones critiques pour la biodiversité et à gérer ces ressources de manière durable.

4. Sécurité publique et réponse aux catastrophes : Dans les situations d'urgence, telles que les catastrophes naturelles ou les crises de santé publique, la gestion géospatiale permet une réponse rapide et efficace. Localiser les zones touchées, coordonner les efforts de sauvetage et distribuer les ressources devient beaucoup plus efficace.

5. Prise de décision basée sur les données : Pour les gouvernements et les entreprises, prendre des décisions éclairées est essentiel. La gestion géospatiale fournit des données précises sur les marchés, la répartition des ressources et l'analyse de la concurrence, rendant les décisions plus solides.

6. Transport et logistique : les entreprises de transport et de logistique utilisent des données géospatiales pour optimiser les itinéraires, réduire les coûts et améliorer la livraison des marchandises. Cela profite à la fois aux entreprises et aux consommateurs.

7. Gestion des actifs : les entreprises qui disposent d'actifs géographiquement répartis, tels que des réseaux énergétiques, des gazoducs et des télécommunications, s'appuient sur la gestion géospatiale pour suivre, entretenir et mettre à jour efficacement ces actifs.

8. Environnement et conservation : L'étude du changement climatique, la conservation de la biodiversité et l'analyse de l'impact environnemental dépendent des données géospatiales. Ils aident à identifier les tendances et à cibler les efforts de conservation.

La gestion géospatiale libère une multitude d'informations précieuses sur notre monde, nous permettant de prendre des décisions plus intelligentes et plus durables dans un large éventail de domaines. À mesure que la technologie progresse, l'importance de la gestion géospatiale continuera de croître, offrant des solutions de plus en plus innovantes et efficaces aux défis de notre époque.

1.3. Applications des systèmes de gestion de bases de données géospatiales

Les systèmes de gestion de bases de données géospatiales (SGBD géospatial) ont un large éventail d'applications dans divers secteurs, tirant parti de la capacité de stocker, d'analyser et de visualiser des informations en fonction de l'emplacement géographique. Voici quelques-unes des applications pratiques dans différentes industries :

1. Géographie et Cartographie :
- Cartographie topographique : les SGBD géospatiaux sont utilisés pour créer des cartes topographiques précises, montrant les détails du terrain, les élévations et les caractéristiques géographiques.
- Mise à jour des cartes : permet une mise à jour continue des cartes avec des informations en temps réel, telles que les changements sur les voies publiques et les bâtiments.

2. Navigation et GPS :
- Navigation des véhicules : les systèmes GPS utilisent un SGBD géospatial pour fournir des conseils de conduite précis et des informations sur le trafic en temps réel.
- Navigation extérieure : aide à des activités telles que la randonnée, l'escalade et le vélo, en proposant des cartes interactives et des coordonnées précises.

3. Environnement :
- Surveillance environnementale : utilisée pour suivre la pollution de l'air et de l'eau, la déforestation, le changement climatique et les schémas de migration des espèces.

- Gestion des ressources naturelles : Ils aident à gérer les ressources telles que les forêts, les parcs naturels et les réserves, facilitant ainsi la conservation.

4. Agriculture :

- Agriculture de précision : Permet le suivi des cultures, l'analyse des sols et l'application précise des ressources agricoles, augmentant ainsi la productivité et réduisant les coûts.

- Zonage agricole : ils aident à identifier les zones appropriées pour la culture de cultures spécifiques.

5. Marketing et commerce :

- Analyse de marché : facilite l'analyse de la localisation des clients, des concurrents et des points de vente, aidant ainsi les entreprises à prendre des décisions d'expansion et de marketing.

- Géomarketing : personnalisez les campagnes marketing en fonction de la localisation des clients, en proposant des promotions et des offres ciblées.

6. Planification urbaine et immobilière :

- Zonage urbain : utilisé pour planifier l'utilisation du sol, les zones résidentielles et commerciales et identifier les zones de développement.

- Évaluation immobilière : Ils aident à déterminer la valeur des propriétés en fonction de facteurs géographiques, tels que l'emplacement et l'accessibilité.

7. Transport et logistique :

- Routage et logistique : optimisez les itinéraires de transport, réduisez les coûts de carburant et améliorez l'efficacité des livraisons.
- Suivi des actifs : permet le suivi en temps réel des véhicules, des marchandises et des actifs en transit.

8. Santé publique :
- Épidémiologie : Ils aident à cartographier la propagation des maladies, à identifier les zones à haut risque et à planifier les campagnes de vaccination.
- Gestion des ressources médicales : aider à l'allocation des ressources médicales en fonction de la densité de la population et des besoins géographiques.

Ce ne sont là que quelques-unes des nombreuses applications des SGBD géospatiaux. À mesure que la technologie et les données géospatiales continuent d'évoluer, de nouvelles opportunités et solutions apparaissent constamment dans tous les secteurs, améliorant ainsi l'efficacité, la prise de décision et la compréhension du monde qui nous entoure.

1.4. Les défis de la gestion des données géospatiales

La gestion des données géospatiales, bien qu'elle constitue un élément fondamental de la technologie moderne, est confrontée à plusieurs défis qui peuvent compliquer la collecte, le stockage et l'utilisation efficace de ces informations. Voici quelques-uns des défis courants et les moyens de les surmonter :

1. Exactitude des données :
   - Défi : La précision des données géospatiales est essentielle, en particulier dans des applications telles que la navigation, l'agriculture de précision et l'analyse environnementale. Les erreurs de localisation peuvent avoir des conséquences importantes.
   - Relever le défi : une collecte de données précise est essentielle. Ceci peut être réalisé grâce à des technologies de détection avancées, telles que le GPS de haute précision, et à une validation constante des données auprès de sources fiables. De plus, la correction des erreurs doit être intégrée aux processus.

2. Interopérabilité du système :
   - Défi : Différents systèmes et plates-formes utilisent souvent des formats de données géospatiales différents, ce qui rend difficile l'intégration et l'échange d'informations entre eux.
   - Relever le défi : la normalisation est cruciale. L'utilisation de standards ouverts, tels que le format Shapefile ou le standard GeoJSON, permet de garantir que les données peuvent être partagées et intégrées plus efficacement. De plus, la mise en œuvre de

protocoles d'interopérabilité, tels que l'OGC (Open Geospatial Consortium), facilite la communication entre les systèmes.

3. Problèmes de confidentialité et de sécurité :

- Défi : Les données géospatiales incluent souvent des informations sensibles, telles que l'emplacement des habitations et des entreprises. Garantir la confidentialité et la sécurité de ces données est crucial.

- Relever le défi : L'anonymisation des données est une approche courante pour protéger la vie privée. Cela implique de supprimer ou de masquer les informations personnelles identifiables. De plus, la mise en œuvre de mesures de cybersécurité telles que le cryptage et l'authentification permet de protéger les données sensibles contre tout accès non autorisé.

4. Volume et vitesse des données :

- Défi : Avec la prolifération des appareils mobiles, des capteurs et des technologies de collecte de données, la quantité d'informations géospatiales générées est immense. Traiter de gros volumes de données en temps réel peut s'avérer difficile.

- Relever le défi : le cloud computing et le traitement distribué sont des solutions viables pour traiter de gros volumes de données. De plus, les algorithmes de compression et les techniques de gestion des données en streaming peuvent aider à gérer la vitesse des données en temps réel.

5. Coûts et accès aux données :

- Défi : L'acquisition et la maintenance de données géospatiales de haute qualité peuvent être coûteuses. De plus, l'accès à des données de qualité peut être limité dans certaines régions.

- Relever le défi : les partenariats public-privé peuvent aider à partager les coûts et les ressources pour la collecte de données. En outre, les politiques de données ouvertes peuvent rendre les informations géospatiales de base plus accessibles, au profit d'un large éventail d'utilisateurs.

Relever ces défis en matière de gestion des données géospatiales nécessite un effort de collaboration de la part des gouvernements, des entreprises et des communautés de recherche. L'innovation technologique constante et la conscience des problèmes de qualité, d'interopérabilité et de sécurité sont essentielles pour tirer pleinement parti de la puissance des données géospatiales dans notre vie quotidienne et dans nos applications critiques.

1.5. Aperçu des chapitres

Ce livre propose une exploration complète et approfondie du monde des systèmes de gestion de bases de données géospatiales. Au cours des prochains chapitres, nous plongerons dans un parcours qui va des principes fondamentaux des données géospatiales à leur application pratique dans divers secteurs. Dans un premier temps, nous nous concentrons sur l'établissement d'une solide compréhension de la nature des données géospatiales et de la manière dont elles sont modélisées. Nous explorons ensuite les outils et techniques essentiels pour les requêtes spatiales, l'importation/exportation de données et l'intégration avec d'autres applications. Nous abordons également les défis et les considérations critiques, tels que la sécurité, l'éthique et les tendances futures. Avec des études de cas illustratives et des exemples pratiques, ce livre est conçu pour aider les lecteurs à maîtriser l'utilisation des systèmes de gestion de bases de données géospatiales et à comprendre leur impact transformateur sur une variété d'industries, de l'urbanisme et de l'agriculture au marketing et à la préservation de l'environnement. Préparez-vous pour un voyage passionnant à travers le vaste monde des données géospatiales et de leurs applications interdisciplinaires.

Chapitre 2 : Fondements des données géospatiales

2.1. Les données géospatiales et leur nature

Les données géospatiales, également appelées données spatiales ou géodonnées, font référence à des informations directement associées à un emplacement géographique spécifique sur Terre. Ces données se caractérisent par leur caractère unique, qui s'appuie sur des coordonnées géographiques, telles que la latitude et la longitude, pour décrire la position d'objets, d'événements ou de phénomènes à la surface de la Terre. Voici quelques caractéristiques distinctives des données géospatiales :

1. Localisation géographique : La caractéristique fondamentale des données géospatiales est leur association directe avec un emplacement géographique spécifique. Chaque point ou élément des données possède des coordonnées géographiques qui l'identifient de manière unique par rapport à la surface de la Terre.

2. Variété de types de données : les données géospatiales peuvent représenter une grande variété d'informations, notamment des points d'intérêt, des routes, des frontières, des élévations de terrain, la couverture végétale, des données météorologiques, etc.

Cette diversité de types de données permet de capturer et d'analyser des informations détaillées sur l'environnement naturel et bâti.

3. Caractère dynamique : Les données géospatiales peuvent être statiques, comme l'emplacement d'une ville, ou dynamiques, comme la position en constante évolution d'un véhicule en mouvement. Cela permet un suivi et une analyse en temps réel des mouvements et des tendances.

4. Référence spatiale : les données géospatiales sont référencées spatialement à l'aide de systèmes de coordonnées géographiques, de systèmes de projection cartographique et d'autres méthodes permettant une représentation précise de la surface de la Terre sur des cartes et des systèmes d'information géographique (SIG).

5. Applications diverses : en raison de leur capacité à représenter des informations dans un contexte de localisation, les données géospatiales sont essentielles dans une grande variété d'applications telles que l'urbanisme, l'agriculture de précision, la navigation GPS, la surveillance environnementale, la logistique, le marketing, l'analyse épidémiologique et bien plus encore. . Ils fournissent des informations précieuses pour la prise de décision et la résolution de problèmes dans de nombreux domaines.

6. Intégration des données : les données géospatiales sont souvent intégrées à d'autres sources de données, telles que des données démographiques, économiques ou sociales. Cette intégration enrichit la compréhension des contextes dans lesquels se produisent des événements ou des objets géospatiaux.

Les données géospatiales sont des informations qui possèdent des coordonnées géographiques et sont intrinsèquement liées à leur emplacement sur Terre. Ces données jouent un rôle fondamental dans un large éventail d'applications, permettant l'analyse des modèles géographiques, l'aide à la décision et la capacité de mieux comprendre le monde qui nous entoure, ce qui en fait un outil précieux dans notre vie quotidienne et dans de nombreuses disciplines. .

2.2. Systèmes de coordonnées géographiques

Les systèmes de coordonnées géographiques sont des systèmes de référence qui permettent la représentation précise et unique de points ou d'emplacements à la surface de la Terre. Ces systèmes sont essentiels pour la cartographie, la navigation, la géodésie, l'analyse géospatiale et de nombreuses autres applications qui dépendent d'une description précise de la position géographique. Ils fonctionnent en combinant deux coordonnées principales : la latitude et la longitude.

- Latitude : La latitude est la coordonnée qui mesure la distance d'un point par rapport à l'Équateur. Elle varie de -90° (au pôle Sud) à +90° (au pôle Nord). Les points de l'équateur ont une latitude de 0° et la latitude augmente à mesure que l'on se rapproche des pôles.

- Longitude : La longitude est la coordonnée qui mesure la distance d'un point par rapport au méridien de Greenwich, qui est considéré comme le point de référence pour la longitude. Elle s'étend de -180° (à l'ouest du méridien de Greenwich) à +180° (à l'est du méridien de Greenwich). Les points sur le méridien de Greenwich lui-même ont une longitude de 0° et la longitude augmente à l'est et à l'ouest du méridien.

En combinant la latitude et la longitude, nous pouvons déterminer avec précision l'emplacement de n'importe quel point de la surface de la Terre. Par exemple, la ville de New York a une latitude d'environ 40,7128°N (40,7128 degrés au nord de l'équateur) et une longitude d'environ 74,0060°W (74,0060 degrés à l'ouest de Greenwich).

En plus des coordonnées géographiques, il existe d'autres systèmes de coordonnées géodésiques, tels que le système UTM (Universal Transverse Mercator), qui divise la Terre en zones et utilise des coordonnées cartésiennes pour représenter les emplacements dans chaque zone. D'autres systèmes, tels que les coordonnées géocentriques, sont utilisés dans la géodésie avancée et dans les applications scientifiques.

Les systèmes de coordonnées géographiques constituent la base de la représentation des points à la surface de la Terre. Ils fournissent un moyen précis et universellement reconnu de décrire des emplacements géographiques, facilitant la navigation, la cartographie et une variété d'applications qui s'appuient sur des informations de localisation.

2.3. Représentation des données géospatiales

La représentation des données géospatiales joue un rôle fondamental dans la compréhension et la communication des informations sur la Terre. Il existe plusieurs manières de représenter ces données, chacune ayant ses propres avantages et inconvénients. Voici quelques-unes des principales formes de représentation :

1. Cartes :
- Avantages : les cartes fournissent une représentation visuelle directe de la géographie de la Terre, permettant aux utilisateurs de voir la répartition spatiale des ressources, les frontières politiques, les caractéristiques

naturelles, etc. Ils sont largement utilisés en navigation, en urbanisme et en éducation géographique.

- Inconvénients : L'échelle des cartes peut affecter la précision de la représentation, et certaines caractéristiques géographiques peuvent être simplifiées ou déformées. De plus, la mise à jour des cartes peut prendre beaucoup de temps.

2. Images satellites :

- Avantages : Les images satellites offrent une vue détaillée et actualisée de la surface de la Terre. Ils sont utiles dans la surveillance environnementale, les prévisions météorologiques, l'agriculture de précision et l'analyse urbaine.

- Inconvénients : La disponibilité et la résolution des images peuvent varier. De plus, les conditions météorologiques et la couverture nuageuse peuvent affecter la qualité de l'image.

3. Modèles numériques de terrain (MNT) :

- Avantages : Les MDT représentent la topographie de la Terre avec des détails précis. Ils sont utilisés dans la planification des infrastructures, l'analyse de la visibilité, la simulation des inondations et bien plus encore.

- Inconvénients : La création de MDT nécessite des relevés topographiques ou des données provenant de capteurs distants, ce qui peut être coûteux et prendre du temps. De plus, la résolution des MDT peut varier.

4. Systèmes d'information géographique (SIG) :

- Avantages : Les SIG permettent l'intégration et l'analyse de différents types de données géospatiales sur une seule plateforme. Ils sont très flexibles et personnalisables et sont utilisés dans un large éventail d'applications, de la planification urbaine à l'analyse de marché.

- Inconvénients : la mise en œuvre et la maintenance du SIG peuvent être complexes et nécessiter une formation spécialisée. De plus, la qualité des résultats dépend de la qualité des données d'entrée.

5. Réalité virtuelle et réalité augmentée :

- Avantages : Ces technologies permettent une expérience immersive combinant les données géospatiales avec le monde réel. Ils sont utilisés dans l'éducation, le tourisme, la formation militaire et la visualisation de projets.

- Inconvénients : Nécessitent du matériel spécialisé, comme des lunettes de réalité virtuelle ou des smartphones dotés de capacités de réalité augmentée. De plus, la précision de la superposition des données réelles peut varier.

Chaque méthode de représentation des données géospatiales a sa place et son application appropriées, et le choix dépend des besoins spécifiques du projet et des limites des ressources. Souvent, une combinaison de diverses formes de représentation est utilisée pour acquérir une compréhension globale de l'environnement géographique et soutenir des décisions éclairées dans une variété d'industries.

2.4. Types de données géospatiales

Les données géospatiales peuvent être divisées en deux types principaux : les données vectorielles et les données matricielles. Chaque type a ses caractéristiques distinctes et ses applications dans différents contextes réels :

1. Données vectorielles :
    - Caractéristiques : Les données vectorielles représentent des informations géospatiales à travers des objets géométriques discrets, tels que des points, des lignes et des polygones. Chaque objet est défini par des coordonnées géographiques (latitude et longitude) et des attributs associés, tels que le nom, la population, la catégorie, etc.
   - Exemples d'applications :
    - Cartes routières : les données vectorielles sont utilisées pour représenter les réseaux routiers, avec des informations détaillées sur les routes, les intersections et les points de repère.
    - Registres municipaux : ils sont utilisés pour cartographier les propriétés, leurs limites et les

informations sur la propriété, telles que le propriétaire et la valeur imposable.

- Urbanisme : Permet la représentation des zones d'occupation du sol, des espaces verts, des limites administratives et des infrastructures urbaines.

- Réseaux de télécommunications : Ils sont utilisés pour cartographier l'emplacement des tours de téléphonie cellulaire, des câbles à fibre optique et des points d'accès Internet.

2. Données matricielles :

- Caractéristiques : les données matricielles représentent les informations géospatiales sous la forme d'une grille de cellules, où chaque cellule a une valeur ou un attribut associé. Ces grilles peuvent représenter diverses informations, telles que l'élévation du terrain, la température, les précipitations et les images satellite.

- Exemples d'applications :

- Modélisation numérique d'élévation (DEM) : les données matricielles DEM représentent la topographie de la Terre et sont utilisées dans les simulations d'inondations, la planification routière et l'analyse de la visibilité.

- Images satellite : les données matricielles provenant d'images satellite sont largement utilisées dans la surveillance environnementale, la détection des changements dans la couverture terrestre, l'agriculture de précision et les prévisions météorologiques.

- Cartes d'utilisation des terres : elles représentent la couverture terrestre dans une grille de cellules, utiles dans les analyses du changement d'utilisation des terres et de la planification urbaine.

- Données climatiques : les données matricielles peuvent représenter des variables climatiques telles que la température, l'humidité et les précipitations, ce qui est crucial pour les prévisions climatiques et les études d'impact environnemental.

Le choix entre données vectorielles et matricielles dépend de la nature des données, des besoins de l'application et de la précision requise. Alors que les données vectorielles sont idéales pour représenter des entités bien définies telles que les routes et les frontières, les données raster sont mieux adaptées pour représenter des phénomènes continus tels que l'élévation du terrain et les données météorologiques. Dans de nombreux cas, une combinaison des deux types de données est utilisée pour obtenir une vue complète de l'environnement géospatial.

2.5. Qualité des données géospatiales

La qualité des données géospatiales joue un rôle clé dans toutes les applications qui s'appuient sur des informations de localisation, de la navigation et de l'urbanisme à la surveillance environnementale et à l'analyse de marché. La qualité des données fait référence à l'exactitude, à l'exhaustivité, à l'actualité et à la fiabilité des informations géospatiales. Voici les principaux facteurs qui peuvent affecter la qualité des données géospatiales :

1. Précision :

- La précision fait référence à la proximité entre la localisation géospatiale enregistrée dans les données et la localisation réelle au sol. Des données inexactes peuvent entraîner des erreurs importantes dans des applications telles que la navigation, l'agriculture de précision et la surveillance environnementale.

2. Intégrité :

- L'intégrité des données implique la cohérence et l'exhaustivité des informations géospatiales. Des données incomplètes ou incohérentes peuvent conduire à des interprétations erronées et à des décisions inappropriées.

3. Mise à jour :

- La fraîcheur fait référence à la fréquence à laquelle les données sont mises à jour pour refléter les changements du monde réel. Les données obsolètes peuvent s'avérer problématiques dans les situations où les conditions changent rapidement, comme les catastrophes naturelles ou le développement urbain.

4. Source des données :

- La qualité des données géospatiales dépend souvent de la source à partir de laquelle elles ont été collectées. Les données de haute qualité proviennent généralement de sources fiables, telles que des levés topographiques précis ou des images satellite à haute résolution.

5. Erreurs de numérisation et de traitement :
   - Les erreurs introduites lors de l'analyse, du stockage et du traitement des données peuvent affecter leur qualité. Il est important de minimiser ces erreurs grâce à des techniques de validation et de contrôle qualité.

6. Résolution et échelle :
   - La résolution des données géospatiales influence également leur qualité. Les données à basse résolution peuvent ne pas capturer des détails importants, tandis que les données à haute résolution peuvent être excessivement détaillées pour certaines applications.

La qualité des données géospatiales est essentielle aux décisions basées sur la localisation, car des erreurs ou des informations inexactes peuvent avoir de graves conséquences. Par exemple, dans un système de navigation, un manque de précision peut conduire un véhicule sur une mauvaise route, tandis que dans l'agriculture de précision, l'imprécision des données de plantation peut entraîner une utilisation excessive de ressources telles que l'eau et les engrais.

De plus, dans l'analyse urbaine, la qualité des données affecte la planification des infrastructures et le zonage de l'utilisation des sols. Dans le cadre de la surveillance environnementale, des données de mauvaise qualité peuvent conduire à des décisions inappropriées affectant la conservation et la gestion des ressources naturelles.

Par conséquent, garantir la qualité des données géospatiales est essentiel pour obtenir des résultats précis et fiables dans une variété d'applications qui dépendent des informations de localisation, ce qui profite à la prise de décision et à l'efficacité dans plusieurs domaines.

Chapitre 3 : Modélisation des données géospatiales

3.1. Modélisation conceptuelle des données géospatiales

La modélisation conceptuelle des données géospatiales est une étape fondamentale dans le processus de développement de systèmes d'information géographique (SIG) et de gestion des données géospatiales. Cette étape se concentre sur la création d'une représentation abstraite et conceptuelle des données et de leurs relations, sans se soucier des détails techniques de mise en œuvre tels que la structure de la base de données sous-jacente.

Voici les aspects clés de la modélisation conceptuelle des données géospatiales :

1. Abstraction des données : dans la modélisation conceptuelle, les données géospatiales sont représentées de manière abstraite, c'est-à-dire qu'elles sont décrites en termes de concepts et de caractéristiques sans se soucier de la manière dont ces données seront stockées ou accessibles dans un système réel.

2. Entités et relations : Au cours de cette étape, les principales entités (objets ou concepts) qui composent le domaine géospatial en question sont identifiées. De plus, les relations entre ces entités sont définies,

mettant en évidence la manière dont elles interagissent les unes avec les autres.

3. Attributs : Les attributs associés aux entités sont également identifiés et définis. Cela comprend des informations spécifiques qui décrivent chaque entité. Par exemple, dans un modèle conceptuel pour un système de transport public, les entités peuvent inclure des « stations de métro » et des « lignes de bus », avec des attributs tels que « nom de la station » et « heures de départ des bus ».

4. Hiérarchies et agrégations : les modèles conceptuels peuvent également inclure des hiérarchies et des agrégations pour organiser les données de manière logique. Par exemple, un modèle pourrait représenter les « pays » comme des agrégations d'« États » et les « États » comme des agrégations de « comtés ».

5. Diagrammes et notations : La représentation de la modélisation conceptuelle implique souvent l'utilisation de diagrammes et de notations graphiques. Les diagrammes entité-relation (DER) et les diagrammes UML (Unified Modeling Language) sont couramment utilisés pour visualiser les entités, les relations et les attributs de manière claire et compréhensible.

La modélisation conceptuelle des données géospatiales est essentielle pour garantir que les exigences et les concepts sous-jacents au domaine géographique sont compris et documentés avec

précision. Cette abstraction initiale permet de définir la structure logique des données avant de commencer la mise en œuvre technique dans un système d'information géographique (SIG) ou une base de données géospatiale. Cela permet d'éviter les problèmes et de retravailler ultérieurement au cours du développement du système, offrant ainsi une base solide pour créer des applications géospatiales efficaces et précises.

3.2. Modélisation logique des données géospatiales

La modélisation logique des données géospatiales constitue la deuxième étape cruciale dans le développement de systèmes d'information géographique (SIG) et la gestion des données géospatiales. Après avoir créé une modélisation conceptuelle, qui représente de manière abstraite les données et leurs relations, la modélisation logique se concentre sur la traduction de cette représentation conceptuelle dans un format logique et structuré pouvant être implémenté dans un système de base de données. Voici une explication plus détaillée du processus de modélisation logique des données géospatiales :

1. Identification des entités et des attributs : Dans la modélisation logique, les entités et les attributs identifiés

lors de la phase conceptuelle sont affinés et détaillés. Cela implique de définir précisément les tables ou classes qui représenteront les entités et leurs attributs correspondants. Par exemple, si l'entité conceptuelle était « Stations de métro » avec des attributs tels que « nom » et « emplacement », dans la modélisation logique, vous définiriez un tableau « Stations de métro » avec des colonnes pour chaque attribut.

2. Définition des relations : les relations entre les entités sont également traduites en relations logiques dans les bases de données. Par exemple, s'il existait une relation de « connexion à » entre les « stations de métro » et les « lignes de bus », cette relation serait implémentée via des clés étrangères ou d'autres mécanismes de relation dans une base de données relationnelle.

3. Choix des types de données : la modélisation logique nécessite de choisir les types de données appropriés pour chaque attribut. Cela inclut de décider si un attribut sera une chaîne de texte, un nombre, une date, un objet spatial (tel qu'un point ou un polygone), entre autres. Le choix des types de données affecte l'efficacité du stockage et les performances des requêtes.

4. Définition des index : Pour optimiser les performances des requêtes sur les données géospatiales, il est courant de créer des index sur des champs pertinents. Par exemple, si vous souhaitez interroger rapidement toutes les stations de métro d'une

ville spécifique, vous pouvez créer un index sur la colonne de localisation géographique.

5. Sélection du système de gestion de base de données (SGBD) : Le choix du SGBD est crucial dans la modélisation logique. Les SGBD géospatiaux, tels que PostgreSQL avec extensions spatiales (PostGIS) ou Oracle Spatial, sont souvent utilisés pour stocker des données géospatiales en raison de leur capacité à gérer des types de données spatiales complexes.

6. Normalisation des données : la normalisation est un processus qui permet d'éliminer les redondances et de maintenir l'intégrité des données. Cela implique d'organiser des tableaux pour minimiser la duplication des informations.

7. Validation et révision : avant de procéder à la mise en œuvre, la modélisation logique passe par une phase de validation et de révision pour garantir que toutes les relations, clés étrangères et contraintes d'intégrité sont correctement définies.

La modélisation logique des données géospatiales est une étape critique qui prépare le terrain pour la mise en œuvre pratique des données dans un système de base de données. Il garantit que la structure de la base de données est conçue pour répondre aux exigences de stockage et d'interrogation des données géospatiales de manière efficace et précise, garantissant ainsi l'intégrité et la fiabilité des données géographiques dans l'ensemble de l'application.

3.3. Modélisation physique des données géospatiales

La modélisation physique des données géospatiales constitue la dernière étape du processus de développement de systèmes d'information géographique (SIG) et de gestion des données géospatiales. À ce stade, l'attention se tourne vers la définition de la manière dont les données seront physiquement stockées dans un système de base de données, en tenant compte des aspects cruciaux de performances, d'efficacité et d'optimisation. Voici les éléments clés de la modélisation physique des données géospatiales :

1. Sélection des structures de stockage : lors de la phase de modélisation physique, les structures de stockage les mieux adaptées aux types de données géospatiales à stocker sont sélectionnées. Cela inclut le choix des tables, des index et d'autres objets de stockage.

2. Choix des types de données spatiales : Un aspect essentiel de la modélisation physique des données géospatiales est la sélection de types de données spatiales appropriés pour représenter les géométries

géographiques. Les types de données spatiales varient selon le système de gestion de base de données (SGBD) choisi, comme des points, des lignes, des polygones ou encore des objets plus complexes.

3. Index spatiaux : pour accélérer les requêtes spatiales, des index spatiaux spécifiques sont créés. Ces index aident à optimiser la récupération des données géospatiales, permettant au SGBD d'effectuer des requêtes plus efficacement. Les indices spatiaux courants incluent les indices R-tree et quadtree.

4. Partitionnement des tables : dans les systèmes contenant de grands volumes de données géospatiales, il peut être nécessaire de diviser les tables en partitions pour faciliter la gestion et améliorer les performances. Ceci est particulièrement utile pour les données fréquemment consultées par région géographique.

5. Optimisation des requêtes : lors de la modélisation physique, des techniques d'optimisation des requêtes spatiales sont prises en compte. Il s'agit d'analyser le plan d'exécution des requêtes pour s'assurer de leur efficacité en termes d'accès aux données.

6. Stockage des métadonnées : outre les données spatiales, les informations de métadonnées, telles que les informations sur les projections de coordonnées et les dates de mise à jour, sont également stockées physiquement.

7. Considérations sur les performances : les aspects de performances sont pris en compte, tels que le choix de l'emplacement de stockage des données géospatiales sur le disque, la configuration des caches et l'optimisation des requêtes fréquentes.

8. Sécurité et contrôle d'accès : la modélisation physique prend également en compte les aspects de sécurité, tels que la définition des autorisations d'accès aux données géospatiales pour garantir que seuls les utilisateurs autorisés peuvent y accéder.

La modélisation physique des données géospatiales est essentielle pour garantir que les systèmes d'information géographique (SIG) et les bases de données géospatiales fonctionnent efficacement et répondent aux besoins spécifiques de stockage et de récupération de données spatiales. Une optimisation minutieuse à ce stade peut avoir un impact significatif sur les performances des requêtes et la réactivité du système, garantissant ainsi que les données géospatiales sont gérées de manière efficace et efficiente.

3.4. Bases de données spatiales

Les bases de données spatiales sont des systèmes de gestion de bases de données (SGBD) spécialement conçus pour stocker, gérer et interroger des données géospatiales, c'est-à-dire des données directement associées à des emplacements géographiques sur Terre. Elles diffèrent des bases de données traditionnelles sur plusieurs points importants en raison de leur capacité à gérer des informations spatiales complexes. Voici les principales distinctions et fonctionnalités des bases de données spatiales :

1. Prise en charge des types de données spatiales : les bases de données spatiales prennent en charge les types de données spatiales natives tels que les points, les lignes, les polygones et les géométries plus complexes, permettant une représentation précise des objets et phénomènes géographiques.

2. Index spatiaux : ils incluent des index spatiaux optimisés, tels que les index R-tree ou quadtree, qui accélèrent les requêtes spatiales, permettant une récupération rapide des données en fonction de critères de localisation.

3. Fonctions spatiales : les bases de données spatiales fournissent un ensemble de fonctions spatiales qui vous permettent d'effectuer des opérations géospatiales, telles que des calculs de distance, de superficies, d'intersections et d'unions entre géométries, facilitant ainsi des analyses complexes.

4. Projections cartographiques : elles prennent en charge la définition et la transformation de projections cartographiques afin que les données géospatiales

puissent être représentées dans différents systèmes de coordonnées géographiques.

5. Intégration des données : les bases de données spatiales permettent l'intégration de données géospatiales avec des données non spatiales, telles que des tables attributaires, pour une analyse plus complète.

6. Géoréférencement : ils sont capables de géoréférencer des données, en associant des informations non géospatiales à des coordonnées géographiques pour une consultation et une analyse ultérieure.

7. Requêtes spatiales : prend en charge les requêtes spatiales complexes, telles que la recherche de points d'intérêt à proximité, l'identification des zones de chevauchement entre les polygones et les calculs d'itinéraire.

8. Géotraitement : de nombreuses bases de données spatiales incluent des fonctionnalités de géotraitement qui permettent des analyses avancées, telles que l'analyse isoligne, la modélisation de terrain et les simulations géospatiales.

9. Gestion des métadonnées spatiales : ils offrent des capacités de stockage et de récupération de métadonnées géospatiales, y compris des informations sur la qualité, la source et la projection des données.

10. Présentation de la carte : certaines bases de données spatiales offrent la possibilité de créer des vues cartographiques directement à partir des données stockées, ce qui facilite la représentation graphique des résultats des requêtes.

Les bases de données spatiales sont conçues pour gérer la complexité des données géospatiales, en fournissant des fonctionnalités spécifiques pour stocker, interroger et analyser ces informations. Ils jouent un rôle clé dans diverses applications, des systèmes de navigation à la planification urbaine et à la surveillance environnementale, permettant aux organisations d'explorer et d'utiliser les données géospatiales de manière efficace et précise.

3.5. Indexation spatiale

L'indexation spatiale est une technique fondamentale utilisée dans les systèmes de gestion de bases de données spatiales (SGBD) pour accélérer la récupération de données géospatiales. Il repose sur la création de structures d'index spéciales qui organisent les données géospatiales de manière à faciliter des requêtes de localisation et une analyse spatiale efficaces. L'objectif de l'indexation spatiale est de réduire le temps nécessaire pour récupérer des informations en fonction de critères de localisation, améliorant ainsi les performances des requêtes spatiales. Voici les principaux concepts et techniques liés à l'indexation spatiale :

1. Arbres spatiaux :

- Les arbres spatiaux, comme le R-tree (R pour « rectangle »), sont l'une des techniques d'indexation spatiale les plus courantes. Ils organisent les données dans une structure arborescente hiérarchique, où les nœuds d'arborescence représentent des régions géographiques qui regroupent des objets spatiaux. Cela permet une localisation rapide des objets dans les zones d'intérêt, réduisant ainsi la quantité de données à prendre en compte dans chaque requête.

2. Index de grille :

- Les indices de grille divisent l'espace géographique en cellules de grille régulières. Chaque objet géospatial est associé à une ou plusieurs cellules de grille. Cette méthode est simple et efficace pour les requêtes de proximité et d'intersection, mais peut conduire à des index très volumineux dans les zones à forte densité d'objets.

3. Quadarbre :

- Un quadtree est une structure d'index hiérarchique qui divise de manière répétée l'espace en quatre quadrants. Il est efficace pour les requêtes dans des régions spécifiques de l'espace et offre des avantages par rapport aux index de grille en termes d'adaptation à différentes densités d'objets.

4. Indices de fonction de hachage :

- Les indices de fonction de hachage appliquent des fonctions de hachage aux coordonnées géospatiales pour organiser les données. Bien qu'ils soient efficaces pour les requêtes d'égalité, ils ne sont pas aussi bien adaptés aux requêtes de proximité ou de plage.

5. Octarbres :

- Les octrees sont similaires aux quadtrees, mais divisent l'espace tridimensionnel en huit octants au lieu de quadrants. Ils sont utilisés pour l'indexation spatiale dans des environnements 3D, comme la visualisation de terrain ou l'analyse tridimensionnelle.

6. Indices de pages dispersées :

- Les index de page dispersés associent chaque objet à une page sur disque à l'aide de fonctions de hachage. Cela aide à organiser les objets géospatiaux sur les disques et améliore l'accès aux données géospatiales sur les systèmes de stockage sur disque.

Le choix de la technique d'indexation spatiale dépend des besoins spécifiques de l'application, du volume de données et de la complexité des requêtes spatiales. De nombreux SGBD spatiaux, tels que PostGIS pour PostgreSQL et Oracle Spatial, prennent en charge plusieurs de ces techniques, permettant aux développeurs de choisir celle la mieux adaptée à leurs besoins. L'indexation spatiale est essentielle pour garantir des performances efficaces des requêtes spatiales sur les bases de données géospatiales, ce qui est essentiel pour un large éventail d'applications qui s'appuient sur des informations de localisation.

Chapitre 4 : Requêtes spatiales dans les bases de données géospatiales

4.1. Requêtes de base

Les requêtes de base dans les bases de données géospatiales font référence à des opérations qui vous permettent de récupérer des informations fondamentales sur des données ayant une composante géographique. Ces consultations sont essentielles à l'analyse et à la prise de décision dans divers domaines, de l'urbanisme à la surveillance environnementale. Vous trouverez ci-dessous quelques concepts clés et exemples pratiques de requêtes de base dans les bases de données géospatiales :

1. Consultation de proximité :
  - Concept : Récupérer des objets géospatiaux proches d'un emplacement spécifique.
  - Exemple pratique : recherchez des restaurants situés à moins de 1 km d'une coordonnée géographique donnée.

2. Requête d'intersection :
  - Concept : Récupérer des objets géospatiaux qui croisent une région géographique donnée.
  - Exemple pratique : Identifiez toutes les propriétés qui croisent les limites d'une nouvelle zone de développement urbain.

3. Consultations sur le confinement :

- Concept : Récupérer des objets géospatiaux entièrement contenus dans une région géographique donnée.

- Exemple pratique : trouvez tous les parcs contenus dans les limites d'une municipalité.

4. Consultations syndicales :

- Concept : Combiner des informations provenant de différents ensembles de données géospatiales.

- Exemple pratique : fusionner les données de densité de population avec les données d'utilisation des terres pour les analyses de planification urbaine.

5. Consultation sur la sélection des attributs :

- Concept : Récupérer des objets géospatiaux en fonction d'attributs non spatiaux.

- Exemple pratique : Sélectionnez toutes les écoles publiques d'une ville de plus de 500 élèves.

6. Requête de tampon :

- Concept : Créer une zone d'influence autour d'un objet géospatial (buffer) et récupérer les objets qui croisent cette zone.

- Exemple pratique : identifiez toutes les entreprises qui se trouvent dans une zone tampon de 2 km autour d'une nouvelle autoroute.

7. Consultation sur les regroupements spatiaux :

- Concept : Regrouper les objets géospatiaux en fonction de leur proximité spatiale.

- Exemple pratique : Regrouper les points de livraison de colis pour optimiser les itinéraires de livraison.

8. Consultation sur la mesure de distance :
   - Concept : Mesurer la distance entre deux ou plusieurs objets géospatiaux.
   - Exemple pratique : Calculer la distance entre un magasin et ses clients pour optimiser la distribution des produits.

9. Requête de superposition spatiale :
   - Concept : Combiner les informations de différentes couches spatiales pour des analyses plus complexes.
   - Exemple pratique : utilisez une superposition pour identifier les zones qui sont à la fois des zones inondables et des endroits sujets aux glissements de terrain.

Ces requêtes de base constituent la base d'une analyse plus avancée dans les bases de données géospatiales. La capacité à effectuer ces opérations de manière efficace et précise est cruciale pour extraire des informations précieuses et prendre des décisions éclairées dans divers secteurs et applications.

4.2. Requêtes de proximité

Les requêtes de proximité dans les bases de données géospatiales sont des outils essentiels pour identifier les éléments proches d'un emplacement géographique donné. Ces requêtes permettent l'analyse des relations spatiales et sont fondamentales dans diverses applications, de la navigation à l'urbanisme. Explorons le fonctionnement de ces requêtes et fournissons des exemples de scénarios d'utilisation pratiques.

Fonctionnement des requêtes de proximité :

Les requêtes de proximité impliquent généralement de déterminer des objets géospatiaux situés à une certaine distance (ou dans un rayon) d'une coordonnée spécifique. Pour effectuer ces requêtes, les systèmes de gestion de bases de données spatiales (SGBD) utilisent des index spatiaux, tels que les R-trees, qui organisent les données de manière à faciliter la recherche efficace d'éléments proches.

Exemples de requêtes de proximité :

1. Trouver des établissements à proximité :
   - *Scénario :* Une application de cartographie en ligne permet aux utilisateurs de trouver des restaurants à proximité d'un emplacement spécifique.
   - *Requête :* Récupérez tous les restaurants qui se trouvent à moins de 1 km des coordonnées d'intérêt.

2. Suivi des actifs mobiles :

- *Scénario :* En logistique, suivez la proximité des véhicules de livraison par rapport à un point de destination.
- *Consultation :* Identifiez tous les véhicules qui se trouvent à moins de 500 mètres d'un point de livraison.

3. Surveillance environnementale :
- *Scénario :* Dans un système de surveillance environnementale, identifier les stations de collecte de données à proximité d'une zone d'intérêt.
- *Requête :* Récupérez toutes les stations météorologiques dans un rayon de 2 km d'une coordonnée géographique.

4. Sécurité publique :
- *Scénario :* Dans les applications de sécurité publique, identifiez les commissariats de police à proximité d'un événement ou d'un incident.
- *Consultation :* Récupérez tous les commissariats qui se trouvent à moins de 3 km du lieu d'un incident.

5. Localisation des points d'intérêt :
- *Scénario :* Une application touristique aide les utilisateurs à trouver des sites touristiques à proximité.
- *Consultation :* Trouvez toutes les attractions touristiques qui se trouvent à moins de 1,5 km d'une coordonnée donnée.

Avantages et applications :

- Navigation efficace : dans les systèmes de navigation, les requêtes de proximité aident à identifier les points d'intérêt, tels que les stations-service ou les restaurants, le long d'un itinéraire.

- Urbanisme : Faciliter l'identification des services essentiels, tels que les écoles et les hôpitaux, en relation avec les zones résidentielles.

- Logistique et suivi : ceux-ci sont essentiels pour le suivi efficace des actifs mobiles, tels que les véhicules de livraison.

- Sécurité et surveillance de l'environnement : vous permet de localiser rapidement les ressources ou les stations de surveillance pertinentes dans des situations critiques.

Les requêtes de proximité sont cruciales dans les environnements géospatiaux, car elles constituent un moyen efficace d'identifier et d'analyser les éléments proches par rapport à un emplacement spécifique. Ces consultations jouent un rôle essentiel dans une variété d'industries, améliorant l'efficacité des services et fournissant une compréhension plus approfondie des relations spatiales.

4.3. Requêtes d'analyse spatiale

Les requêtes d'analyse spatiale sur les bases de données géospatiales sont des outils puissants qui permettent d'explorer et de comprendre des modèles et des relations complexes entre les données géographiques. Ces requêtes vont au-delà des opérations de base, telles que l'identification d'éléments à proximité ou dans une zone spécifique, et permettent des analyses plus sophistiquées impliquant plusieurs couches de données spatiales. L'analyse spatiale est essentielle dans de nombreux domaines, notamment l'urbanisme, l'environnement, la santé publique, etc.

Principaux aspects des requêtes d'analyse spatiale :

1. Superposition d'espace :
   - *Concept :* Il s'agit de combiner des informations provenant de différentes couches spatiales pour identifier les zones de chevauchement ou d'intersection.
   - *Applications pratiques :* Identification de zones présentant simultanément des caractéristiques spécifiques, telles que des zones inondables et des habitats naturels.

2. Analyse du tampon :
   - *Concept :* Il consiste à créer des zones environnantes (tampons) autour d'éléments géospatiaux pour évaluer des influences ou des relations spatiales.
   - *Applications pratiques :* Évaluation des impacts environnementaux autour des bâtiments ou identification des emplacements touchés par un incident.

3. Analyse groupée :
   - *Concept :* Regroupe les éléments géographiques similaires en fonction de critères spatiaux.
   - *Applications pratiques :* Identification de clusters de maladies en santé publique ou regroupement de clients pour analyse de marché.

4. Analyse des points chauds :
   - *Concept :* Identification des zones où l'incidence d'un phénomène est significativement supérieure ou inférieure à ce à quoi on pourrait s'attendre de manière aléatoire.
   - *Applications pratiques :* Identification des points chauds de la criminalité dans une ville.

5. Analyse d'itinéraire :
   - *Concept :* Évaluation et optimisation d'itinéraires en fonction de critères spatiaux, comme la distance ou le temps de trajet.
   - *Applications pratiques :* Optimisation des itinéraires de livraison ou analyse de l'accessibilité aux services de santé.

6. Analyse de densité :
   - *Concept :* Mesure la concentration ou la dispersion d'événements ou d'éléments géographiques dans une zone spécifique.
   - *Applications pratiques :* Évaluation de la densité de population ou de la répartition des espèces en écologie.

7. Analyse de corrélation spatiale :
  - *Concept :* Évalue la relation statistique entre les variables spatiales.
    - *Applications pratiques :* Identification des corrélations entre la localisation des établissements commerciaux et les modes de consommation.

8. Analyse de l'accessibilité :
  - *Concept :* Évaluation de la facilité d'accès à différents endroits en fonction de critères spatiaux.
  - *Applications pratiques :* Planification des transports publics ou analyse de l'accessibilité aux services essentiels.

Avantages et applications pratiques :

- Prise de décision éclairée : l'analyse spatiale fournit des informations précieuses pour soutenir des décisions éclairées dans des secteurs tels que l'urbanisme, la santé, la sécurité et l'environnement.

- Identification de modèles complexes : permet l'identification de modèles spatiaux complexes qui peuvent ne pas être évidents dans les analyses traditionnelles.

- Planification et optimisation : facilite une planification efficace des ressources et une optimisation des opérations en fonction de considérations spatiales.

- Prévision et prévention : aide à prévoir les tendances et à prévenir les problèmes, tels que l'identification des zones sujettes aux catastrophes naturelles.

Les requêtes d'analyse spatiale sont cruciales pour une compréhension approfondie des données géospatiales, fournissant une base solide pour prendre des décisions stratégiques dans divers contextes. Ces analyses offrent une perspective plus riche sur les relations spatiales, permettant aux organisations et aux chercheurs d'explorer et de comprendre la complexité des phénomènes géographiques.

4.4. Requêtes temporelles

Les requêtes temporelles dans les bases de données géospatiales sont conçues pour traiter des informations qui varient dans le temps, permettant l'analyse et la récupération de données géospatiales avec des dimensions temporelles. Cette approche est fondamentale dans de nombreux domaines, tels que la surveillance environnementale, l'urbanisme et la gestion des ressources naturelles, où la dynamique temporelle joue un rôle essentiel. Explorons le concept de requêtes temporelles et fournissons des exemples pertinents :

Concept de requêtes temporelles dans les bases de données géospatiales :

Les requêtes temporelles impliquent la capacité d'analyser des données géospatiales en tenant compte de leur évolution dans le temps. Cela signifie que les informations sur la localisation géographique sont associées à des enregistrements temporels, permettant non seulement d'analyser l'endroit où se trouve quelque chose, mais également le moment où il se produit. La temporalité peut être appliquée à diverses données, telles que les changements d'utilisation des terres, les mouvements de population ou les variations climatiques.

Exemples pratiques de requêtes temporelles :

1. Surveillance des changements dans l'utilisation des terres :
   - *Scénario :* Une base de données géospatiale conserve des informations sur l'utilisation des terres dans une région donnée.
   - *Requête temporelle :* Récupérez tous les changements dans la couverture terrestre dans une zone spécifique au cours des cinq dernières années, en identifiant les modèles d'urbanisation ou les changements environnementaux.

2. Surveillance de la migration des animaux :
   - *Scénario :* Les données de suivi GPS des animaux migrateurs sont stockées dans une base de données géospatiale.
   - *Consultation temporelle :* Analyser les schémas de migration au fil des saisons, en identifiant les itinéraires

préférés et les changements dans les zones d'alimentation au fil du temps.

3. Planification urbaine dynamique :
- *Scénario :* Les données sur les bâtiments et les infrastructures urbaines sont conservées dans une base de données géospatiale.
- *Consultation temporelle :* Évaluer la croissance urbaine au cours des 20 dernières années, en identifiant les zones d'expansion et en planifiant les futurs besoins en infrastructures.

4. Analyse des catastrophes naturelles :
- *Scénario :* Les données sur l'histoire des événements climatiques, tels que les ouragans et les inondations, sont enregistrées dans une base de données géospatiale.
- *Consultation temporelle :* Analyser les modèles climatiques sur plusieurs décennies pour identifier les tendances et les modèles d'occurrence de catastrophes naturelles.

5. Gestion des ressources en eau :
- *Scénario :* Les données sur la qualité de l'eau dans les plans d'eau sont stockées dans une base de données géospatiale.
- *Consultation temporelle :* Évaluer la qualité de l'eau au fil des saisons, en identifiant les variations

saisonnières et les impacts potentiels des activités humaines.

Avantages des consultations temporaires :

- Détection des tendances : vous permet d'identifier des modèles et des tendances au fil du temps, facilitant ainsi une prise de décision éclairée.

- Réponse aux événements dynamiques : permet une réponse efficace aux événements dynamiques, tels que les catastrophes naturelles, grâce à l'analyse de l'historique temporel.

- Planification dynamique : Aide à la planification dynamique, telle que l'expansion urbaine, en tenant compte de l'évolution temporelle de différentes variables.

- Gestion durable des ressources : Facilite la gestion durable des ressources naturelles en considérant les variations temporelles de l'utilisation et de la qualité de ces ressources.

Les requêtes temporelles sur les bases de données géospatiales sont essentielles pour une compréhension complète et dynamique de l'environnement qui nous entoure. Ils fournissent une vue temporelle cruciale pour analyser les modèles, détecter les changements et gérer efficacement les ressources dans différents contextes.

4.5. Optimisation des requêtes spatiales

L'optimisation des requêtes spatiales est un aspect crucial dans la gestion efficace de grands ensembles de données géospatiales. Avec l'augmentation de la disponibilité de l'information géographique et la complexité des requêtes spatiales, assurer l'efficacité de ces opérations devient essentiel pour des applications dans plusieurs domaines, notamment l'urbanisme, la navigation, l'environnement et l'analyse de marché. L'efficacité opérationnelle améliore non seulement la vitesse de réponse, mais contribue également à une expérience utilisateur plus fluide et à des informations plus rapides. Explorons quelques stratégies et techniques couramment utilisées pour optimiser les requêtes spatiales :

1. Utilisation des index spatiaux :
   - Les index spatiaux, tels que R-tree ou quadtree, sont fondamentaux pour accélérer les requêtes spatiales. Ils organisent les données de manière hiérarchique, permettant une récupération rapide des informations en fonction de critères de localisation.

2. Prétraitement et simplification géométrique :
   - Avant d'exécuter des requêtes spatiales complexes, il est courant d'effectuer des étapes de prétraitement telles que la simplification géométrique. Cela implique

de réduire la complexité des géométries tout en conservant une précision suffisante pour les requêtes.

3. Partitionnement spatial :
   - La division de grands ensembles de données géospatiales en partitions plus petites peut améliorer considérablement les performances. Le partitionnement spatial permet au système de concentrer les ressources sur la zone pertinente de la requête, réduisant ainsi la quantité de données à traiter.

4. Utilisation efficace des index de bases de données relationnelles :
   - Dans les systèmes de gestion de bases de données relationnelles, il est important de tirer parti des index traditionnels en plus des index spatiaux. L'optimisation des requêtes spatiales implique souvent un équilibre entre des index spécifiques et des index traditionnels.

5. Géotraitement parallèle :
   - Dans le cas de requêtes impliquant de gros volumes de données, l'utilisation de techniques de géotraitement parallèles permet de répartir la charge de travail entre plusieurs cœurs ou machines, accélérant ainsi l'exécution des requêtes.

6. Utilisation du cache :
   - La mise en œuvre de caches spatiaux peut stocker les résultats de requêtes fréquentes, réduisant ainsi le besoin de réexécuter la même requête à plusieurs reprises. Ceci est particulièrement utile dans les

applications impliquant des requêtes statiques ou semi-statiques.

7. Optimisation de l'algorithme spatial :

- Le choix d'algorithmes spécifiques pour effectuer des opérations spatiales, telles que des intersections et des unions, peut affecter considérablement les performances. Les algorithmes optimisés peuvent réduire la complexité des calculs.

8. Analyse du profil de performance :

- La réalisation d'analyses de profil de performance permet d'identifier les goulots d'étranglement et les domaines à améliorer. Les outils de profilage peuvent mettre en évidence les parties de la requête qui consomment le plus de ressources et ainsi guider les optimisations.

9. Mise à jour incrémentielle de l'index :

- Dans des environnements dynamiques où les données géospatiales sont fréquemment mises à jour, la mise en œuvre de stratégies visant à mettre à jour progressivement les indices spatiaux peut être cruciale pour maintenir l'efficacité opérationnelle.

L'optimisation des requêtes spatiales ne consiste pas seulement à améliorer la vitesse de réponse, mais également à gérer efficacement les ressources. Dans les grands ensembles de données géospatiales, l'efficacité opérationnelle est essentielle pour garantir l'utilité et la viabilité des systèmes et des applications.

Les stratégies mentionnées ci-dessus, lorsqu'elles sont appliquées avec soin et compte tenu de la nature spécifique des données et des requêtes, peuvent entraîner des améliorations significatives des performances.

Chapitre 5 : Importation et exportation de données géospatiales

5.1. Importation de données géospatiales

L'importation de données géospatiales dans des systèmes de bases de données constitue une étape fondamentale vers l'intégration d'informations géographiques dans un environnement de stockage structuré. Ce processus implique le transfert d'ensembles de données géospatiales, telles que des cartes, des images satellite, des coordonnées géographiques et des géométries, vers un système de gestion de bases de données spatiales (SGBD). Explorons le processus d'importation et soulignons quelques considérations pratiques :

Processus d'importation de données géospatiales :

1. Choix du format de données :
   - La première étape consiste à choisir le format des données géospatiales à importer. Les formats courants incluent les fichiers Shapefiles, GeoJSON, KML et raster comme TIFF.

2. Configuration du schéma de base de données :
   - Avant l'importation, vous devez vous assurer que le schéma de la base de données est configuré pour accueillir les données géospatiales. Cela inclut la définition des tables, des champs et des index spatiaux requis.

3. Choisissez l'outil d'importation :

- Plusieurs SGBD spatiaux fournissent des outils spécifiques pour l'importation de données géospatiales. De plus, il existe des outils indépendants tels que ogr2ogr et shp2pgsql qui facilitent la conversion et l'importation de données dans différents formats.

4. Cartographie des champs :
- Lors du processus d'importation, il est nécessaire de mapper les champs de données géospatiales aux champs correspondants dans la base de données. Cette étape garantit que les informations correspondent correctement.

5. Traitement de projection :
- Les considérations de projection sont vitales. Il est important de s'assurer que les données sont dans la même projection ou d'effectuer des conversions si nécessaire. La cohérence des projections est cruciale pour une analyse spatiale précise.

6. Traitement des données non spatiales :
- Aux données géospatiales s'ajoutent souvent des attributs non spatiaux associés. Ces attributs doivent être pris en compte et mappés de manière appropriée aux champs correspondants dans la base de données.

7. Validation et nettoyage :
- Avant l'importation, il est conseillé d'effectuer des contrôles de validation et de nettoyage des données. Cela inclut la détection et la correction des géométries

invalides, des valeurs manquantes ou de toute anomalie dans les données.

8. Optimisation des processus :
    - Dans les grands ensembles de données, l'optimisation du processus d'importation est essentielle. Cela peut inclure des opérations de parallélisation ou l'utilisation d'index spatiaux pour accélérer l'insertion des données.

9. Enregistrement de métadonnées :
    - Conserver des enregistrements des métadonnées lors de l'importation est une bonne pratique. Cela inclut des informations sur la source de données, les dates d'importation et des détails sur les transformations effectuées.

Considérations pratiques:

- Évolutivité : envisagez l'évolutivité du processus d'importation pour gérer efficacement de gros volumes de données géospatiales.

- Sécurité : garantissez que les importations de données sont effectuées en toute sécurité, en évitant les vulnérabilités potentielles.

- Mise à jour incrémentielle : pour les ensembles de données dynamiques, mettez en œuvre des stratégies de mises à jour incrémentielles, en minimisant la redondance dans le processus d'importation.

- Normes et conformité : suivre les normes et conformités spatiales, telles que celles définies par l'OGC (Open Geospatial Consortium), pour garantir l'interopérabilité et la cohérence des données.

- Sauvegarde : Avant d'effectuer l'import, il est conseillé de sauvegarder la base de données pour éviter toute perte accidentelle de données.

- Surveillance et journalisation : mettez en œuvre des mécanismes de surveillance et de journalisation pour suivre la progression de l'importation et identifier les problèmes potentiels.

L'importation de données géospatiales est une étape cruciale dans la construction de systèmes d'information géographique robustes. Le succès de ce processus dépend non seulement du choix des bons outils, mais également d'une attention particulière portée aux détails, depuis la configuration de la base de données jusqu'à la validation des données importées.

5.2. Formats de données géospatiales

Les données géospatiales sont des informations associées à un emplacement spécifique sur Terre. Pour stocker et échanger efficacement ces données, plusieurs formats ont été développés, chacun avec ses caractéristiques et ses finalités spécifiques. Ci-dessous, je présente un aperçu conceptuel de certains des formats de données géospatiales les plus courants, tels que Shapefile, GeoJSON et KML, soulignant l'impact du choix du format sur l'efficacité et l'interopérabilité.

1. Fichier de formes :
    - Shapefile est un format développé par ESRI (Environmental Systems Research Institute) et est largement utilisé dans les systèmes d'information géographique (SIG). Il se compose de plusieurs fichiers qui stockent différents aspects des données géospatiales, notamment les géométries (points, lignes, polygones) et les attributs associés. Bien que largement adopté, Shapefile présente certaines limites, telles qu'une prise en charge limitée des données 3D et un manque de prise en charge directe des données non géographiques.

2. GéoJSON :
   - GeoJSON est un format basé sur JSON (JavaScript Object Notation) conçu pour représenter des données géospatiales de manière simple et légère. Il prend en charge différents types de géométries (points, lignes, polygones) et attributs associés. La simplicité et la lisibilité de GeoJSON le rendent populaire pour les applications Web et l'interopérabilité multiplateforme. Sa structure est facile à comprendre et s'intègre facilement aux technologies Web.

3. KML (langage de balisage Keyhole) :

- Développé par Keyhole (acquis par Google), KML est un format XML permettant de représenter des données géospatiales en trois dimensions, communément associé à Google Earth. Il prend en charge les points, lignes, polygones, images et modèles 3D. KML convient à la visualisation, mais peut ne pas être aussi efficace que d'autres formats en termes de taille de fichier pour les grands ensembles de données.

Impacts sur l'efficacité et l'interopérabilité :

1. Efficacité du stockage :

- Le format Shapefile peut générer des fichiers relativement volumineux, en particulier pour des ensembles de données complexes, tandis que GeoJSON, étant basé sur du texte, a tendance à avoir une taille de fichier plus grande par rapport aux formats binaires comme Shapefile. L'efficacité du stockage peut avoir un impact sur le transfert de données et les performances lors des opérations de lecture et d'écriture.

2. Efficacité de la transmission en ligne :

- Le choix de GeoJSON peut être avantageux pour la transmission de données en ligne en raison de sa structure légère et de sa facilité d'intégration avec les technologies Web, particulièrement utile dans les applications interactives et dynamiques.

3. Interopérabilité :

- GeoJSON a été largement adopté pour l'interopérabilité entre différents systèmes et plates-formes en raison de sa nature textuelle, ce qui le rend plus facile à lire et à comprendre. Shapefile, en tant que format propriétaire d'ESRI, peut présenter des limitations d'interopérabilité dans les environnements qui n'utilisent pas les produits ESRI.

4. Prise en charge des attributs non spatiaux :

- La capacité à prendre en charge les données non géographiques varie selon les formats. Shapefile est principalement destiné aux données géospatiales, tandis que GeoJSON offre plus de flexibilité pour inclure des attributs non spatiaux.

5. Prise en charge des données 3D :

- Si la représentation de données en trois dimensions est une exigence, le format KML est un choix approprié car il est conçu pour fonctionner avec des données en trois dimensions et est notamment associé à Google Earth.

Le choix du format de données géospatiales dépend des exigences spécifiques de l'application, en tenant compte de facteurs tels que l'efficacité du stockage, l'interopérabilité et la prise en charge de fonctionnalités spécifiques, telles que les données non géographiques ou tridimensionnelles. Chaque format a sa place et est utile dans différents contextes, et la sélection doit être effectuée en fonction des besoins spécifiques du projet ou de l'application en question.

5.3. Conversion de données géospatiales

La conversion de données géospatiales est un processus fondamental qui consiste à transformer des informations géographiques d'un format, d'un système de coordonnées ou d'une résolution à un autre. Cette pratique est essentielle pour l'interopérabilité entre les différents systèmes, pour garantir l'exactitude des données et pour permettre l'intégration efficace des informations géospatiales dans différents contextes. Explorons les aspects clés de ce processus et l'importance qui y est associée :

1. Conversion entre formats :
   - Motivation : Différents logiciels et systèmes peuvent utiliser différents formats de données géospatiales. La conversion entre ces formats est nécessaire pour garantir que les données peuvent être lues et interprétées correctement.
   - Exemple : Convertir un ensemble de données de Shapefile en GeoJSON pour faciliter l'intégration avec une application Web.

deux. Transformation des systèmes de coordonnées :
   - Motivation : Les données géospatiales utilisent souvent des systèmes de coordonnées différents. La

transformation entre les systèmes est cruciale pour garantir que les lieux sont correctement représentés dans l'espace géographique.

- Exemple : Convertir les coordonnées d'un système de coordonnées géographiques (latitude, longitude) en un système de coordonnées projetées (UTM).

3. Ajustement de la résolution :

- Motivation : Dans certaines situations, il peut être nécessaire d'ajuster la résolution des données géospatiales pour répondre à des exigences spécifiques d'analyse, de visualisation ou de stockage.

- Exemple : Réduisez la résolution d'un jeu de données raster pour optimiser les performances dans une application Web.

4. Intégration de données multisources :

- Motivation : Les données géospatiales proviennent souvent de différentes sources avec des formats et des coordonnées différents. La conversion est nécessaire pour intégrer et analyser les ensembles de données de manière cohérente.

- Exemple : Intégrez les données de télédétection aux données d'enregistrement pour des analyses plus complètes.

5. Harmonisation pour l'analyse spatiale :

- Motivation : Pour effectuer une analyse spatiale significative, il est important que les données soient dans un format et un système de coordonnées permettant des opérations spatiales cohérentes.

- Exemple : Harmonisez les données provenant de différentes sources pour effectuer une analyse cohérente des tampons.

Importance de la conversion des données géospatiales :

1. Interopérabilité :
- Facilite l'intégration de données provenant de différentes sources et systèmes, permettant l'interopérabilité entre différents logiciels et plates-formes.

2. Exactitude et cohérence :
- Assure l'exactitude des données, en garantissant que les informations géospatiales sont représentées de manière cohérente et cohérente.

3. Analyse significative :
- Vous permet d'effectuer une analyse spatiale significative en ajustant les données aux formats et aux systèmes de coordonnées les mieux adaptés à des opérations spécifiques.

4. Visualisation efficace :
- Facilite une visualisation efficace des données, notamment lorsqu'il s'agit d'ajuster les résolutions pour optimiser l'affichage dans différents contextes.

5. Planification urbaine et prise de décision :

- Joue un rôle crucial dans des secteurs tels que l'urbanisme et la prise de décision, où l'intégration et l'analyse des données géospatiales sont fondamentales.

6. Consolidation des informations :
    - Vous permet de consolider des informations géospatiales provenant de plusieurs sources pour créer des ensembles de données complets et cohérents.

7. Adaptation aux exigences spécifiques :
    - Permet l'adaptation des données pour répondre aux exigences spécifiques de différentes applications, telles que les jeux, les systèmes de navigation, l'agriculture de précision, entre autres.

La conversion des données géospatiales est une pratique essentielle pour garantir l'utilité et l'interopérabilité des informations géographiques dans diverses applications. La capacité à transformer les données pour répondre à des exigences spécifiques est cruciale pour une analyse précise, une prise de décision éclairée et une intégration efficace des informations dans des environnements de géoinformation complexes.

5.4. Exportation de données géospatiales

L'exportation de données géospatiales à partir d'un système de base de données est un processus important qui permet aux informations géographiques d'être utilisées dans différents contextes, partagées entre les systèmes et analysées en externe. Explorons le processus d'exportation, comment il est réalisé, et mettons en évidence certains formats d'exportation courants et leurs applications pratiques :

Processus d'exportation de données géospatiales :

1. Sélection des données :

    - La première étape consiste à identifier et sélectionner les données géospatiales qui seront exportées. Cela peut impliquer de définir des critères de sélection, tels que la zone géographique, des attributs spécifiques ou toute autre condition pertinente.

2. Paramètre du format de sortie :

    - Ensuite, vous devez choisir le format de sortie des données exportées. Différents formats conviennent à différents objectifs et le choix dépendra des exigences spécifiques de l'utilisateur ou de l'application.

3. Configuration du système de coordonnées :

    - Si les données se trouvent dans un système de coordonnées spécifique dans la base de données, il peut être nécessaire de configurer le système de coordonnées en sortie, notamment si les données sont exportées pour être utilisées dans un contexte différent.

4. Configuration des attributs :

- Il est possible de configurer quels attributs (champs) des données seront exportés. Cela vous permet de personnaliser la sortie pour inclure uniquement les informations pertinentes.

5. Processus d'exportation :
    - Le système de base de données fournit généralement des outils ou des commandes spécifiques pour effectuer l'exportation. Ce processus peut impliquer la génération de fichiers ou d'ensembles de données prêts à être utilisés dans d'autres applications ou systèmes.

Formats d'exportation courants et applications pratiques :

1. Fichier de formes (.shp) :
    - Applications pratiques : Shapefile est un format largement utilisé dans les systèmes d'information géographique (SIG) et convient au stockage de données géospatiales sous forme de points, de lignes et de polygones. Il peut être utilisé dans diverses applications SIG.

2. GéoJSON (.geojson) :
    - Applications pratiques : GeoJSON est un format de texte léger et facile à lire, largement utilisé dans les applications Web. Il s'agit du choix courant pour exporter des données géospatiales afin de les visualiser sur des cartes interactives sur Internet.

3. KML (.kml) :

- Applications pratiques : KML est souvent associé à Google Earth et est utilisé pour représenter des données géospatiales en trois dimensions. Il est couramment utilisé pour les visualisations tridimensionnelles et interactives.

4. CSV (valeurs séparées par des virgules) :

- Applications pratiques : Le format CSV est simple et largement pris en charge. Il est utile pour exporter des données tabulaires associées à des emplacements géographiques et est facile à intégrer aux logiciels de tableur et de base de données.

5. GPKG (Géopaquet) :

- Applications pratiques : Geopackage est un format de base de données géospatiale qui peut stocker à la fois des données vectorielles et raster. Ceci est utile lorsque vous souhaitez conserver la structure de base de données d'origine, y compris les index spatiaux et les relations.

6. TIFF (Format de fichier image balisé) :

- Applications pratiques : Le format TIFF est couramment utilisé pour exporter des données raster, telles que des images satellite ou des cartes topographiques. Il est largement pris en charge dans les logiciels SIG et les outils de traitement d'images.

Importance de l'exportation de données géospatiales :

1. Partage d'informations :
   - Permet le partage d'informations géographiques entre différents utilisateurs, organisations ou systèmes.

2. Intégration avec diverses applications :
   - Facilite l'intégration de données géospatiales dans diverses applications, des systèmes SIG aux outils de visualisation Web.

3. Analyse externe :
   - Permet d'analyser les données géospatiales en externe dans des environnements logiciels spécifiques, élargissant ainsi les possibilités d'analyse.

4. Vue et présentation :
   - Facilite l'exportation de données vers des formats compatibles avec les outils de visualisation, permettant la création de cartes et de présentations visuelles.

5. Sauvegarde et archivage :
   - Permet la création de copies de sauvegarde ou l'archivage de données géospatiales pour préserver les informations dans le temps.

L'exportation de données géospatiales est un processus polyvalent et essentiel qui joue un rôle crucial dans la diffusion, le partage et l'analyse efficaces des informations géographiques. Le choix du format d'exportation dépendra des besoins spécifiques de chaque cas, en tenant compte des applications pratiques et des exigences d'interopérabilité.

5.5. Intégration avec les systèmes d'information géographique (SIG)

L'intégration entre les systèmes de bases de données géospatiales (SGBD) et les systèmes d'information géographique (SIG) est essentielle pour effectuer des analyses complètes et réaliser des visualisations efficaces des données géographiques. Ces deux types de systèmes jouent des rôles distincts mais complémentaires dans la gestion et l'analyse de l'information géospatiale. Explorons comment cette intégration se produit et les avantages associés :

Intégration entre les systèmes de bases de données géospatiales et le SIG :

1. Stockage efficace des données géospatiales :
   - Les SGBD géospatiaux sont conçus pour stocker et gérer efficacement les données géospatiales, en utilisant des index spatiaux pour optimiser la récupération d'informations. L'intégration permet de stocker les données géospatiales de manière structurée, garantissant ainsi leur intégrité et l'efficacité de leur récupération.

2. Utilisation de fonctionnalités spécifiques :
   - Les SGBD géospatiaux offrent des fonctionnalités spécifiques pour manipuler des données spatiales,

telles que des requêtes spatiales avancées, des opérations topologiques et la prise en charge des systèmes de coordonnées géographiques. L'intégration vous permet d'exploiter ces fonctionnalités spécialisées lors de l'analyse des données.

3. Interopérabilité et compatibilité :

   - L'intégration entre les SGBD géospatiaux et les SIG facilite l'interopérabilité et la compatibilité entre les différents systèmes. Les données stockées dans un SGBD géospatial peuvent être facilement importées et utilisées dans un environnement SIG et vice versa, offrant ainsi une intégration fluide.

4. Analyse géospatiale avancée :

   - La combinaison des fonctionnalités d'analyse spatiale du SGBD géospatial et du SIG permet une analyse géospatiale avancée. Cela inclut l'identification de modèles, l'exécution de requêtes complexes et l'exécution d'opérations spatiales spécialisées.

5. Visualisation des données :

   - Les SIG sont conçus pour visualiser et représenter graphiquement des données géospatiales sur des cartes. L'intégration avec le SGBD géospatial permet une visualisation directe des données stockées dans la base de données, facilitant ainsi l'interprétation et l'analyse visuelle.

6. Mise à jour en temps réel :

- L'intégration permet la mise à jour en temps réel des données entre le SGBD géospatial et le SIG. Ceci est particulièrement crucial dans les environnements dynamiques où les informations géospatiales évoluent constamment.

Avantages de l'intégration :

1. Efficacité de la gestion des données :
   - L'intégration offre une approche efficace pour gérer de grands volumes de données géospatiales, garantissant leur disponibilité et leur accessibilité en cas de besoin.

2. Analyse précise et contextualisée :
   - La combinaison des données géospatiales stockées dans un SGBD avec les outils analytiques d'un SIG permet des analyses plus précises et contextualisées, en tenant compte de la localisation géographique.

3. Prise de décision éclairée :
   - En intégrant des données géospatiales, les organisations peuvent fonder leurs décisions sur des informations plus complètes et contextualisées, améliorant ainsi la prise de décision dans des domaines tels que l'urbanisme, la gestion environnementale et les services publics.

4. Planification et suivi efficaces :
   - L'intégration facilite une planification efficace et une surveillance continue de zones géographiques

spécifiques, permettant une réponse rapide aux changements ou événements importants.

5. Amélioration de la visualisation :

- La visualisation intégrée des données géospatiales dans un SIG permet une compréhension plus facile et plus rapide des modèles et des tendances, contribuant ainsi à une communication plus efficace.

L'intégration entre les systèmes de bases de données géospatiales et les systèmes d'information géographique est essentielle pour obtenir une valeur et des informations maximales à partir des données géospatiales. Cette synergie permet une gestion plus efficace, une analyse plus précise et une visualisation efficace, contribuant de manière significative à une prise de décision éclairée dans divers secteurs.

Chapitre 6 : Géocodage et géotraitement

6.1. Géocodage des données

Le géocodage des données est un processus par lequel des informations non spatiales, telles que des adresses, des noms de lieux ou d'autres descripteurs de localisation, sont converties en coordonnées géographiques, permettant la localisation précise de ces éléments dans un contexte géospatial. Ce processus est fondamental pour relier les données non spatiales à une position géographique à la surface de la Terre, facilitant ainsi l'analyse spatiale et la visualisation sur des cartes.

Voici les principaux aspects du géocodage des données :

1. Transformation des descripteurs en coordonnées :
   - Le géocodage consiste à transformer des descripteurs de localisation, tels que des adresses ou des noms de lieux, en coordonnées géographiques qui représentent la position spécifique sur Terre.

2. Utilisation des bases de données géographiques :
   - Pour effectuer le géocodage, on utilise souvent des bases de données géographiques contenant des informations sur la relation entre les descripteurs de localisation et les coordonnées géographiques. Ces bases de données peuvent être gérées par des services de géocodage tels que Google Maps ou par des

organisations qui conservent des informations de localisation précises.

3. Méthodes de géocodage :

- Il existe plusieurs méthodes de géocodage, et le choix de la méthode peut dépendre de la nature des données et de la précision souhaitée. Certaines méthodes courantes incluent le géocodage basé sur l'adresse, où l'adresse est traduite en coordonnées, et le géocodage inversé, où les coordonnées sont utilisées pour trouver une adresse.

4. Précision du géocodage :

- La précision du géocodage peut varier en fonction de la qualité des données utilisées dans le processus et de la résolution des méthodes utilisées. Le géocodage peut être très précis dans les zones urbaines bien cartographiées, mais peut être moins précis dans les régions rurales ou dans les endroits où les informations de géocodage sont moins détaillées.

5. Applications pratiques :

- Le géocodage est fondamental dans plusieurs applications, notamment les systèmes de navigation, la localisation des entreprises, l'analyse des données démographiques, la gestion des actifs et bien d'autres domaines où la localisation géographique est pertinente.

6. Avantages pour l'analyse spatiale :

- En géocodant les données, vous pouvez intégrer des informations non spatiales dans des ensembles de données géospatiales existantes. Cela enrichit l'analyse spatiale, permettant d'identifier des modèles, de prendre des décisions éclairées et de visualiser des cartes.

Exemple pratique :
Imaginez un ensemble de données contenant les adresses des clients d'une entreprise. Le géocodage de cet ensemble de données convertirait ces adresses en coordonnées géographiques (latitude et longitude), permettant la création de cartes montrant la répartition géographique des clients. Ces informations pourraient être utilisées pour optimiser les itinéraires de livraison, identifier les zones de plus forte concentration de clients et soutenir des stratégies marketing localisées.

Le géocodage est un processus essentiel qui transforme les informations non spatiales en données géospatiales, ouvrant la voie à une analyse spatiale significative et à une compréhension plus approfondie de la relation entre les données et l'emplacement à la surface de la Terre.

6.2. Géotraitement

Géotraitement : une vue conceptuelle

Le géotraitement est une discipline qui englobe un ensemble de techniques, méthodes et technologies visant la collecte, le stockage, l'analyse, l'interprétation et la représentation de données géospatiales. Ce domaine interdisciplinaire utilise une approche systématique pour traiter les informations liées à la localisation géographique, permettant une compréhension plus profonde et plus efficace de l'espace terrestre et de ses interactions.

Principaux composants de géotraitement :

1. Acquisition de données géospatiales :

    - Le processus de géotraitement commence par l'acquisition de données géospatiales, qui peuvent inclure des informations de télédétection, des données GPS, des cartes numériques, des images satellite, entre autres. L'exactitude et la qualité de ces données sont cruciales pour une analyse géospatiale précise.

2. Stockage dans des bases de données géographiques :

    - Les données géospatiales sont souvent stockées dans des bases de données géographiques optimisées pour gérer les informations spatiales. Ces bases de données stockent non seulement la géométrie des éléments, mais prennent également en charge les requêtes et opérations spatiales.

3. Analyse spatiale :

    - L'analyse spatiale est au cœur du géotraitement, impliquant l'application d'opérations et de techniques pour étudier les modèles, les relations et les tendances au sein des données géospatiales. Cela peut inclure l'analyse de proximité, l'analyse de modèles, la modélisation de surface, entre autres méthodes.

4. Modélisation géospatiale :
   - L'utilisation de modèles spatiaux est une partie essentielle du géotraitement. Les modèles géospatiaux peuvent simuler des phénomènes du monde réel et prédire des scénarios futurs, contribuant ainsi à la planification stratégique dans plusieurs disciplines.

5. Visualisation et représentation cartographique :
   - Le géotraitement comprend des techniques pour une visualisation efficace des données géospatiales. Cela va de la création de cartes conventionnelles à la représentation dans des environnements tridimensionnels ou interactifs, permettant une communication d'informations claire et accessible.

Applications du géotraitement dans divers domaines :

1. Urbanisme :
   - Le géotraitement est largement utilisé dans la planification urbaine pour analyser les modèles de croissance, identifier les zones sujettes aux risques, optimiser l'utilisation des sols et soutenir les décisions liées aux infrastructures et à la mobilité urbaine.

2. Gestion environnementale :
   - Dans la gestion de l'environnement, le géotraitement est crucial pour surveiller les changements environnementaux, évaluer la santé des écosystèmes,

identifier les zones de conservation prioritaires et gérer les ressources naturelles de manière durable.

3. Agriculture de précision :

- Dans le secteur agricole, le géotraitement est appliqué pour optimiser la production grâce à l'analyse des données sur les sols, la topographie, le climat et la végétation. Cela permet la mise en œuvre de pratiques agricoles plus efficaces et durables.

4. Gestion des ressources en eau :

- Dans la gestion des ressources en eau, le géotraitement est utilisé pour modéliser les bassins fluviaux, analyser les régimes de précipitations, identifier les zones de recharge des aquifères et gérer l'utilisation durable de l'eau.

5. Santé publique :

- Dans le secteur de la santé, le géotraitement est appliqué pour cartographier la répartition des maladies, analyser les facteurs environnementaux pouvant affecter la santé publique et optimiser la localisation des services de santé.

6. Logistique et transports :

- Dans le secteur de la logistique et des transports, le géotraitement est utilisé pour optimiser les itinéraires, analyser les schémas de trafic, planifier les infrastructures routières et surveiller le mouvement des marchandises.

Le géotraitement joue un rôle central dans l'analyse et l'interprétation des données géospatiales, offrant une approche puissante pour comprendre les interactions complexes dans l'environnement géographique. Son application dans divers domaines contribue à une prise de décision éclairée, à une planification stratégique et à la promotion de pratiques durables dans un monde de plus en plus interconnecté.

6.3. Analyse de réseau et routage

Analyse de réseau et routage en géotraitement : une approche informative

L'analyse de réseau et le routage en géotraitement sont un domaine spécialisé qui se concentre sur la compréhension et l'optimisation de la connectivité entre les emplacements géographiques, permettant une modélisation efficace des déplacements et l'identification d'itinéraires plus efficaces. Ces techniques jouent un rôle crucial dans diverses applications pratiques telles que la logistique, les transports, l'urbanisme et la gestion des ressources.

Principaux composants de l'analyse de réseau dans le géotraitement :

1. Modélisation du réseau :

- La première étape de l'analyse de réseau consiste à créer une représentation modélisée de l'infrastructure géographique en tant que réseau. Cela implique de définir des éléments tels que des routes, des voies ferrées, des rivières ou d'autres éléments de déplacement, ainsi que les nœuds qui relient ces éléments.

2. Répartition des coûts :

- Chaque segment du réseau se voit attribuer un coût, qui peut représenter la distance, le temps de trajet, le coût financier ou toute autre mesure pertinente. Cette répartition des coûts est fondamentale pour déterminer l'efficacité des itinéraires.

3. Analyse du routage :

- L'analyse de routage vise à identifier l'itinéraire le plus efficace entre deux ou plusieurs points du réseau. Cela peut impliquer de minimiser les distances, les temps de trajet ou les coûts associés à l'itinéraire.

4. Identification de la connectivité :

- L'analyse du réseau permet également d'identifier la connectivité entre les différentes parties du réseau. Ceci est crucial pour comprendre comment les emplacements géographiques sont interconnectés et comment les changements dans une partie du réseau peuvent affecter d'autres zones.

Applications pratiques de l'analyse de réseau en géotraitement :

1. Logistique et distribution :
   - Les entreprises de logistique utilisent l'analyse du réseau pour optimiser les itinéraires de livraison, minimisant ainsi les coûts de transport et les délais de livraison. Ceci est essentiel pour garantir l'efficacité des chaînes d'approvisionnement.

2. Urbanisme :
   - En urbanisme, l'analyse du réseau est appliquée pour optimiser l'aménagement des infrastructures, telles que les routes et les transports publics, garantissant une distribution efficace et accessible à la population.

3. Gestion du trafic :
   - L'analyse du réseau est utilisée dans les systèmes de gestion du trafic pour prédire les embouteillages, optimiser les feux de circulation et améliorer la fluidité du trafic dans les zones urbaines.

4. Services d'urgence :
   - Dans les services d'urgence, tels que les pompiers et les ambulances, l'analyse du réseau est cruciale pour trouver des itinéraires rapides et efficaces vers les lieux de l'incident, optimisant ainsi les interventions d'urgence.

5. Planification des transports publics :

- Les agences de transports publics utilisent l'analyse du réseau pour optimiser les itinéraires, les horaires et l'emplacement des gares, améliorant ainsi l'efficacité des transports publics.

Routage en géotraitement :

1. Algorithmes de routage :
   - Divers algorithmes sont utilisés pour déterminer des itinéraires efficaces dans un réseau. Les algorithmes de Dijkstra, A* et Floyd-Warshall sont des exemples courants utilisés pour trouver le chemin le plus court ou le plus efficace entre deux points.

2. Considérations dynamiques :
   - En plus du routage statique, l'analyse du réseau en géotraitement prend également en compte les aspects dynamiques, tels que le trafic en temps réel, les conditions météorologiques et les événements imprévus pouvant affecter les conditions du routage.

3. Personnalisation du routage :
   - Les systèmes de routage avancés permettent de personnaliser les itinéraires en fonction des préférences de l'utilisateur, comme éviter les péages, choisir des itinéraires plus panoramiques ou éviter les zones encombrées.

Avantages de l'analyse et du routage de réseau :

1. Efficacité opérationnelle :

- Optimise l'efficacité opérationnelle dans divers secteurs, en réduisant les coûts et en améliorant l'utilisation des ressources.

2. Prise de décision éclairée :

- Facilite une prise de décision éclairée en matière de logistique, de transport et d'urbanisme basée sur une analyse précise et efficace.

3. Amélioration de la répartition des ressources :

- Contribue à une répartition plus efficace des ressources, en minimisant les redondances et en garantissant une utilisation efficace des infrastructures disponibles.

4. Adaptation aux conditions variables :

- La capacité de prendre en compte l'évolution des conditions en temps réel permet une adaptation efficace aux conditions changeantes de la circulation, aux événements ou à d'autres variables dynamiques.

L'analyse du réseau et du routage dans le géotraitement joue un rôle crucial dans l'optimisation des déplacements et la compréhension de la connectivité dans un contexte géographique. Ses applications pratiques sont larges et variées, contribuant à une gestion plus efficace et à une prise de décision éclairée dans différents secteurs de la société.

6.4. Applications de géocodage

Applications pratiques du géocodage dans différents secteurs :

Le géocodage, qui consiste à attribuer des coordonnées géographiques à des données non spatiales, joue un rôle clé dans de nombreux secteurs, en favorisant l'efficacité et en fournissant des informations précieuses. Voici quelques-unes des applications pratiques dans différentes industries :

1. Logistique et chaîne d'approvisionnement :
   - Optimisation des itinéraires : les entreprises de logistique utilisent le géocodage pour optimiser les itinéraires de livraison, minimisant les distances et les temps de transport, ce qui se traduit par des opérations plus efficaces et une réduction des coûts.
   - Suivi en temps réel : La possibilité de géocoder les points de livraison en temps réel permet un suivi précis des marchandises tout au long de la chaîne d'approvisionnement.

deux. Marketing et publicité:
   - Segmentation du marché : le géocodage est utilisé pour segmenter les marchés en fonction de l'emplacement, permettant ainsi des campagnes

marketing plus ciblées et personnalisées pour des publics spécifiques dans certaines régions.

- Analyse de l'emplacement des clients : les détaillants peuvent utiliser des données géocodées pour comprendre la répartition géographique de leurs clients, adapter leurs stratégies marketing et décider de l'emplacement de nouveaux magasins.

3. Services publics et urbanisme :

- Urbanisme : les organismes d'urbanisme utilisent le géocodage pour comprendre la répartition démographique, identifier les zones de croissance et optimiser le développement urbain.

- Gestion des déchets : le géocodage est utilisé pour optimiser les itinéraires de collecte des déchets, améliorant ainsi l'efficacité de la gestion des déchets urbains.

4. Santé et services sociaux :

- Répartition des ressources de santé : le géocodage contribue à l'allocation efficace des ressources de santé, en identifiant les zones où les besoins sont les plus grands et en garantissant l'accessibilité des services.

- Surveillance épidémiologique : l'attribution de coordonnées aux adresses des cas de maladie permet une surveillance efficace des épidémies et aide à mettre en œuvre des mesures préventives.

5. Immobilier et construction :

- Analyse du marché immobilier : Dans le secteur immobilier, le géocodage est utilisé pour l'analyse du marché, identifiant les tendances des prix et de la demande dans différentes régions.

- Localisation des actifs : Dans la construction, le géocodage aide à la localisation précise des actifs, tels que les réseaux de services publics, facilitant la planification et l'exécution des projets.

6. Agriculture et environnement :

- Surveillance agricole : les agriculteurs utilisent le géocodage pour surveiller des variables telles que les conditions du sol et le climat, optimisant ainsi les pratiques agricoles et augmentant la productivité.

- Gestion environnementale : l'attribution de coordonnées à des emplacements critiques, tels que les zones de conservation et les ressources en eau, permet une gestion environnementale efficace et une prise de décision éclairée en matière de préservation.

7. Secteur de l'énergie :

- Maintenance des infrastructures : les entreprises énergétiques utilisent le géocodage pour optimiser la maintenance des infrastructures, en identifiant les emplacements critiques et en agissant de manière préventive pour éviter les pannes.

- Localisation des actifs énergétiques : l'attribution de coordonnées à des actifs tels que des tours et des stations de transmission permet une gestion plus efficace de ces ressources.

8. Assurance :

- Évaluation des risques : les compagnies d'assurance appliquent le géocodage pour évaluer les risques en fonction de l'emplacement, déterminant les primes d'assurance et les stratégies de gestion des risques.

- Gestion des sinistres : Le géocodage facilite la gestion des sinistres, permettant une réponse rapide et efficace à des événements tels que les catastrophes naturelles.

Avantages généraux :

- Prise de décision éclairée : le géocodage fournit une base solide pour une prise de décision éclairée, permettant aux entreprises et aux organisations de mieux comprendre la répartition géographique des données et d'améliorer leurs stratégies.

- Efficacité opérationnelle : en attribuant des coordonnées à des données non spatiales, les opérations deviennent plus efficaces, ce qui entraîne des économies de temps et de ressources.

- Amélioration de l'expérience client : des secteurs tels que la vente au détail et les services peuvent utiliser le géocodage pour améliorer l'expérience client, en offrant des services personnalisés en fonction de la localisation.

Le géocodage est un outil polyvalent et essentiel qui transcende les secteurs, favorisant l'efficacité de plusieurs opérations et contribuant de manière significative à la prise de décision stratégique dans un contexte géographique.

6.5. Les défis du géocodage

Défis du géocodage : précision, mise à jour et confidentialité

Le géocodage, bien qu'il s'agisse d'un outil puissant pour attribuer des coordonnées géographiques à des données non spatiales, est confronté à une série de défis qui peuvent affecter l'exactitude des informations, la mise à jour des bases de données et soulever des préoccupations liées à la confidentialité. Voici quelques-uns des principaux défis :

1. Exactitude des données :
   - La précision est un défi crucial en matière de géocodage. Des erreurs peuvent survenir en raison d'incohérences dans les données d'entrée, de détails manquants dans les adresses ou de fluctuations dans la qualité des sources de données géospatiales. Une précision insuffisante peut entraîner des emplacements incorrects, ce qui a un impact direct sur la fiabilité de l'analyse et de la prise de décision.

deux. Mise à jour de la base de données :
   - Maintenir à jour les bases de données géocodées est un défi constant. Les changements dans les infrastructures urbaines, les nouveaux développements, les mises à jour des adresses et les changements géographiques peuvent rendre les données obsolètes. Cela nécessite des efforts continus pour garantir que les

informations géocodées correspondent à la réalité de l'environnement.

3. Résolution spatiale et interpolation :

- La résolution spatiale constitue un défi, en particulier dans les zones à densité de population variable. Dans les régions urbaines, où la densité d'adresses est élevée, le géocodage peut être plus précis, tandis que dans les zones rurales ou sous-développées, la précision peut diminuer. L'interpolation, c'est-à-dire l'estimation d'un emplacement entre des données connues, peut être nécessaire, mais présente des défis lorsqu'il n'y a pas suffisamment d'informations.

4. Problèmes de confidentialité :

- Le géocodage soulève d'importants problèmes de confidentialité. Lors de l'attribution de coordonnées géographiques à des données, il existe un risque d'identification d'informations sensibles, telles que les adresses personnelles. Cela est particulièrement crucial dans des secteurs tels que les soins de santé et les services sociaux, où la vie privée des patients ou des citoyens est une priorité.

5. Qualité des sources de données :

- La qualité des sources de données géospatiales est cruciale pour la précision du géocodage. Selon la région, les sources peuvent varier en termes de disponibilité, de fiabilité et de détails. L'utilisation de sources de données de mauvaise qualité peut compromettre l'exactitude et la fiabilité des informations géocodées.

6. Changements dynamiques dans l'environnement :

- Les changements dynamiques de l'environnement, tels que la construction de nouvelles routes, les fermetures de rues, le développement immobilier et les changements dans les infrastructures urbaines, posent des défis pour maintenir le géocodage à jour. Les bases de données doivent surveiller ces changements en temps opportun.

7. Questions juridiques et de consentement :

- L'utilisation de données pour le géocodage nécessite souvent des considérations juridiques et de consentement. Garantir que les données sont obtenues et utilisées de manière éthique et légale est un défi, en particulier lorsqu'il s'agit de données sur les clients, les patients ou les citoyens.

Approches pour surmonter les défis :

1. Validation continue : La mise en œuvre de processus continus de validation des données, y compris des contrôles réguliers de l'exactitude, est essentielle pour garantir la fiabilité des informations géocodées.

2. Intégration dynamique des données : l'utilisation de sources de données dynamiques et de systèmes pouvant être mis à jour en temps réel est cruciale pour

faire face aux changements constants de l'environnement.

3. Politiques de confidentialité strictes : Élaborez et respectez des politiques de confidentialité strictes, garantissant que le géocodage est effectué de manière éthique et conforme aux réglementations en matière de confidentialité.

4. Améliorations des algorithmes de géocodage : Développer et améliorer les algorithmes de géocodage pour relever différents défis tels que la résolution spatiale variable et l'interpolation précise dans les zones où les données sont rares.

5. Transparence et consentement : Établir la transparence dans les pratiques de géocodage en obtenant le consentement approprié des individus lorsque cela est nécessaire et en garantissant que les informations sont utilisées de manière éthique.

Relever ces défis est essentiel pour garantir que le géocodage soit un outil fiable et efficace dans tous les secteurs, permettant aux organisations de prendre des décisions éclairées et d'optimiser leurs opérations de manière éthique et efficace.

Chapitre 7 : Sécurité dans les bases de données géospatiales

7.1. Considérations de sécurité

Considérations de sécurité dans les bases de données géospatiales : protection des informations sensibles liées à la localisation géographique

La sécurité des bases de données géospatiales est d'une importance capitale, car ces systèmes traitent des informations sensibles liées à l'emplacement géographique, qui peuvent inclure des données personnelles, des données commerciales confidentielles et des informations sur les infrastructures critiques. Une protection efficace de ces données nécessite la mise en œuvre de mesures de sécurité spécifiques, intégrées aux principes généraux de sécurité des bases de données. Voici quelques considérations essentielles :

1. Contrôle d'accès :
   - Principe général : Limiter l'accès aux données aux seuls utilisateurs autorisés est fondamental pour la sécurité de toute base de données.
   - Application dans les bases de données géospatiales : assurez-vous que seuls les utilisateurs autorisés peuvent visualiser ou manipuler les informations géospatiales sensibles, en particulier celles liées aux données de localisation personnelles.

deux. Cryptage des données :

- Principe général : Le cryptage protège les données confidentielles, les rendant inintelligibles aux utilisateurs non autorisés.

- Application dans les bases de données géospatiales : utilisez le cryptage pour protéger les données géospatiales pendant le stockage et la transmission, en particulier lorsqu'il s'agit d'informations personnelles ou stratégiques.

3. Surveillance des activités suspectes :

- Principe général : La surveillance et l'enregistrement des activités dans la base de données permettent de détecter rapidement les accès non autorisés ou les activités suspectes.

- Application dans les bases de données géospatiales : mettre en œuvre des systèmes de surveillance qui alertent sur les modèles d'accès inhabituels ou les tentatives d'accès non autorisées aux données géospatiales.

4. Authentification et autorisation :

- Principe général : l'authentification vérifie l'identité de l'utilisateur, tandis que l'autorisation contrôle les autorisations d'accès en fonction de cette identité.

- Application dans les bases de données géospatiales : établir des procédures d'authentification et d'autorisation robustes pour garantir que seuls les utilisateurs autorisés peuvent interagir avec les données géospatiales.

5. Mises à jour et correctifs :

- Principe général : Il est essentiel de maintenir votre logiciel de base de données à jour avec les derniers correctifs et correctifs de sécurité.

- Application dans les bases de données géospatiales : assurez-vous que tout logiciel utilisé pour gérer les données géospatiales est mis à jour pour atténuer les vulnérabilités connues.

6. Sauvegarde et récupération :

- Principe général : Effectuer des sauvegardes régulières est crucial pour une récupération rapide en cas de perte de données due à une panne ou à une attaque.

- Application dans les bases de données géospatiales : mettre en œuvre des politiques de sauvegarde robustes, compte tenu de l'importance des données géospatiales, et tester régulièrement les procédures de récupération.

7. Anonymisation des données :

- Principe général : L'anonymisation des données sensibles peut réduire le risque d'exposition involontaire.

- Application dans les bases de données géospatiales : lors du stockage ou du partage de données géospatiales sensibles, envisagez des techniques d'anonymisation pour protéger la vie privée des individus.

8. Sécurité physique et environnementale :

- Principe général : Protéger physiquement les serveurs et assurer un environnement sécurisé autour d'eux est crucial.

- Application dans les bases de données géospatiales : prenez en compte la sécurité physique des serveurs qui stockent des données géospatiales pour empêcher tout accès non autorisé ou tout dommage.

9. Politiques de conservation des données :

- Principe général : définir des politiques claires sur la conservation des données et la suppression sécurisée évite le stockage inutile.

- Application dans les bases de données géospatiales : établir des politiques spécifiques pour les données géospatiales, en particulier lorsqu'il s'agit d'informations temporaires ou sensibles.

10. Conformité réglementaire :

- Principe général : Le respect des réglementations et normes de sécurité en vigueur est essentiel.

- Application dans les bases de données géospatiales : restez informé des réglementations spécifiques liées à la confidentialité géospatiale et assurez le respect des normes telles que le RGPD (Règlement général sur la protection des données) dans des régions spécifiques.

L'intégration de ces considérations de sécurité dans les bases de données géospatiales est cruciale pour garantir l'intégrité, la confidentialité et la disponibilité des données, ainsi que pour se conformer aux exigences légales liées à la confidentialité et à la sécurité des informations. Une approche globale, prenant en compte les aspects techniques, procéduraux et humains, est nécessaire pour créer une posture de sécurité solide.

7.2. Contrôle d'accès

Contrôle d'accès dans les bases de données géospatiales : protection des données sensibles à la localisation

Le contrôle d'accès joue un rôle fondamental dans la sécurité des bases de données géospatiales, car il régule et limite qui peut accéder, modifier et supprimer les données sensibles liées à la localisation géographique. Cette approche est essentielle pour garantir la confidentialité, l'intégrité et la disponibilité des données géospatiales. Explorons comment le contrôle d'accès fonctionne dans ce contexte et quelles stratégies sont efficaces.

Rôle du contrôle d'accès :

1. Confidentialité : le contrôle d'accès garantit que seuls les utilisateurs autorisés sont autorisés à consulter les informations de localisation sensibles. Ceci est crucial pour protéger les données personnelles,

professionnelles et stratégiques stockées dans les bases de données géospatiales.

2. Intégrité : Il est essentiel de limiter les personnes pouvant modifier ou ajouter des données pour maintenir l'intégrité des données géospatiales. L'insertion d'informations incorrectes ou malveillantes susceptibles de fausser l'analyse ou les décisions basées sur la localisation est évitée.

3. Disponibilité : Veiller à ce que seuls les utilisateurs autorisés puissent accéder à la base de données géospatiale contribue à la disponibilité des données. Cela protège contre les accès non autorisés qui pourraient entraîner des interruptions ou une indisponibilité des services.

Stratégies de contrôle d'accès efficaces :

1. Authentification forte : mettez en œuvre des méthodes d'authentification fortes, telles que l'authentification multifacteur (MFA), pour vérifier l'identité des utilisateurs avant d'accorder l'accès aux données géospatiales.

2. Autorisation granulaire : établissez des autorisations granulaires, en attribuant différents niveaux d'accès en fonction des rôles et des responsabilités des utilisateurs. Par exemple, un analyste peut être autorisé à afficher les données, tandis qu'un administrateur a l'autorisation de les modifier.

3. Stratégies de groupe : l'organisation des utilisateurs en groupes dotés d'autorisations spécifiques facilite l'administration du contrôle d'accès. Ceci est particulièrement utile dans les environnements où différentes équipes ont des besoins d'accès différents.

4. Journal d'audit : la conservation d'enregistrements détaillés des activités, telles que les personnes qui ont accédé, modifié ou supprimé les données, contribue à la sécurité. Les journaux d'audit permettent une détection rapide des activités suspectes et peuvent être essentiels pour les enquêtes de sécurité.

5. Examens périodiques : il est crucial d'effectuer des examens périodiques des autorisations d'accès. À mesure que les responsabilités des utilisateurs évoluent, leurs autorisations doivent également être ajustées pour garantir que seules les personnes autorisées y ont accès.

6. Contrôle basé sur les rôles (RBAC) : la mise en œuvre d'un modèle de contrôle d'accès basé sur les rôles permet une attribution efficace des autorisations en fonction des rôles joués par les utilisateurs, simplifiant ainsi l'administration et garantissant la cohérence.

7. Séparation des tâches : Il est important d'éviter une concentration excessive des pouvoirs. La séparation des tâches implique la division des fonctions afin

qu'aucune personne n'ait le contrôle total d'un processus.

8. Chiffrement des données sensibles : l'utilisation du chiffrement pour protéger les données sensibles, tant au repos qu'en transit, ajoute une couche de sécurité supplémentaire, garantissant que même en cas d'accès non autorisé, les données restent protégées.

9. Restriction d'accès physique : outre le contrôle logique, il est essentiel pour la sécurité mondiale de garantir que seul le personnel autorisé ait un accès physique aux serveurs qui stockent les données géospatiales.

10. Mises à jour et formation : Il est essentiel de rester à jour avec les meilleures pratiques de sécurité et de fournir une formation continue aux utilisateurs et aux administrateurs système pour garantir que les stratégies de contrôle d'accès restent efficaces au fil du temps.

Le contrôle d'accès aux bases de données géospatiales joue un rôle crucial dans la protection des données de localisation sensibles. Les stratégies efficaces doivent aller de l'authentification au chiffrement, garantissant une approche globale de la sécurité de l'information dans un contexte géospatial.

7.3. Audit et suivi

Audit et suivi dans les bases de données géospatiales : surveillance et sécurisation des opérations critiques

L'audit et le suivi des bases de données géospatiales sont des pratiques fondamentales qui jouent un rôle crucial dans la surveillance des activités, l'identification des menaces potentielles et la tenue d'enregistrements détaillés des opérations effectuées sur les données. Ces pratiques sont essentielles pour garantir l'intégrité, la confidentialité et la disponibilité des données géospatiales. Explorons les concepts qui sous-tendent ces pratiques.

Audit sur les bases de données géospatiales :

1. Suivi des activités :
   - L'audit implique une surveillance continue des activités dans la base de données géospatiale. Chaque action, telle que l'accès, la modification ou la suppression de données, est enregistrée pour une analyse ultérieure.

2. Identification des anomalies :
   - Grâce à l'audit, il est possible d'identifier des modèles d'accès inhabituels ou des activités suspectes. Cela inclut plusieurs tentatives de connexion, des modifications massives de données ou toute activité pouvant indiquer une menace pour la sécurité.

3. Conformité et réglementation :

- L'audit est essentiel pour garantir le respect des réglementations spécifiques telles que le RGPD (Règlement Général sur la Protection des Données) dans des régions spécifiques. Les dossiers d'audit servent de preuve de conformité.

4. Enquête et réponse aux incidents :

- En cas d'incidents de sécurité, les journaux d'audit jouent un rôle crucial dans l'enquête. Ils aident à reconstituer les événements, à identifier la source de la menace et à déterminer l'étendue de l'impact.

Suivi dans les bases de données géospatiales :

1. Dossier détaillé des opérations :

- Le suivi consiste à créer des enregistrements détaillés de chaque opération effectuée sur des données géospatiales. Cela inclut des informations telles que qui a effectué l'opération, quand elle a été effectuée et quelles données ont été affectées.

2. Historique des modifications :

- Le suivi vous permet de créer un historique des modifications apportées aux données. Ceci est crucial pour comprendre comment les données ont évolué au fil du temps, ce qui facilite l'analyse des tendances et le retour aux versions précédentes si nécessaire.

3. Responsabilité des utilisateurs :

- En suivant chaque opération jusqu'au niveau de l'utilisateur, le système crée un environnement de responsabilité. Cela encourage l'adoption de pratiques sécuritaires, sachant que les actions de chaque utilisateur sont enregistrées.

4. Garantie d'intégrité :
   - Le suivi contribue à garantir l'intégrité des données. Si des modifications non autorisées se produisent, les enregistrements de suivi vous permettent d'identifier quand et comment ces modifications ont été effectuées.

L'importance conjointe de l'audit et du suivi :

1. Prévention et détection précoce :
   - La combinaison de l'audit et du suivi est efficace pour empêcher les accès non autorisés et la détection précoce des activités suspectes.

2. Prise de décision éclairée :
   - Les journaux d'audit et de suivi détaillés fournissent des informations critiques pour une prise de décision éclairée. Ceci est particulièrement important dans les situations d'incidents de sécurité ou lors de l'analyse de changements importants dans les données géospatiales.

3. Conformité et responsabilité :
   - Ces deux pratiques sont essentielles pour garantir le respect des réglementations et normes de sécurité et

pour établir une culture de responsabilité parmi les utilisateurs et les administrateurs système.

4. Amélioration continue :

- En examinant régulièrement les journaux d'audit et de suivi, les organisations peuvent identifier les domaines à améliorer en matière de sécurité des bases de données et mettre en œuvre des mesures correctives.

L'audit et le suivi sont des piliers fondamentaux de la sécurité des bases de données géospatiales. Ces pratiques fournissent une vue complète des activités dans le système, permettant une réponse rapide aux incidents, garantissant la conformité et l'intégrité des données au fil du temps.

7.4. Protection des données sensibles

Protection des données sensibles dans les bases de données géospatiales : protection de la confidentialité et de la sécurité

La protection des données sensibles dans les bases de données géospatiales est une préoccupation majeure, surtout compte tenu de la nature des informations liées à la localisation. Garantir la confidentialité et la sécurité de ces données implique la mise en œuvre de mesures robustes pour minimiser les risques. Vous trouverez ci-dessous des stratégies et des considérations spécifiques liées à la protection des données sensibles dans les environnements géospatiaux.

1. Anonymisation et pseudonymisation :
- Stratégie : Remplacer les informations personnelles identifiables par des identifiants qui ne sont pas directement liés à l'identité de l'individu.
- Objectif : minimiser le risque d'identification personnelle tout en permettant une analyse géospatiale précieuse.

deux. Contrôle d'accès granulaire :
- Stratégie : mettre en œuvre un contrôle d'accès granulaire, en attribuant des autorisations spécifiques en fonction des besoins des utilisateurs.
- Objectif : S'assurer que seuls les utilisateurs autorisés ont accès aux données de localisation sensibles, limitant ainsi l'exposition.

3. Cryptage des données :
- Stratégie : utilisez le cryptage pour protéger les données sensibles au repos et en transit.
- Objectif : Ajouter une couche de sécurité pour empêcher tout accès non autorisé même si les données sont compromises.

4. Minimisation des données :

- Stratégie : collecter et stocker uniquement les données géospatiales nécessaires à l'objectif spécifique, en évitant une rétention excessive.
- Objectif : Réduire l'exposition et l'impact potentiel en cas de violation de données.

5. Audit et suivi :
- Stratégie : mettre en œuvre un audit et un suivi détaillés pour surveiller toutes les activités dans la base de données géospatiale.
- Objectif : Identifier et répondre rapidement à un accès non autorisé, à une modification inappropriée ou à une activité suspecte.

6. Consentement éclairé :
- Stratégie : obtenir le consentement éclairé des utilisateurs avant de collecter et de traiter des données de localisation sensibles.
- Objectif : Assurer le respect des réglementations en matière de confidentialité et démontrer la transparence dans les pratiques de collecte de données.

7. Politiques de conservation des données :
- Stratégie : Établir des politiques claires sur la conservation et l'élimination sécurisée des données sensibles.
- Objectif : Éviter la maintenance inutile des informations et réduire les risques d'exposition.

8. Formation des utilisateurs :

- Stratégie : Offrir une formation régulière aux utilisateurs sur les pratiques de sécurité et l'importance de protéger les données sensibles.

- Objectif : Créer une culture de sensibilisation qui minimise les erreurs humaines pouvant conduire à des failles de sécurité.

9. Séparation des tâches :

- Stratégie : Séparer les responsabilités pour garantir que personne n'ait un accès illimité aux données sensibles.

- Objectif : Prévenir les abus potentiels ou les accès non autorisés grâce à une répartition contrôlée des responsabilités.

10. Conformité réglementaire :

- Stratégie : Restez à jour avec les réglementations en matière de confidentialité géospatiale telles que le RGPD et assurez-vous d'une conformité totale.

- Objectif : Éviter les sanctions légales et démontrer son engagement à protéger la vie privée.

La mise en œuvre efficace de ces stratégies protège non seulement la vie privée des individus, mais renforce également la sécurité globale de la base de données géospatiale. Compte tenu de la nature sensible des données de localisation, l'approche de la protection doit être holistique, englobant les aspects techniques, procéduraux et de sensibilisation des utilisateurs.

7.5. Sauvegarde et récupération

Sauvegarde et restauration dans les bases de données géospatiales : garantir la continuité et la résilience

L'importance de la sauvegarde et de la restauration des bases de données géospatiales est fondamentale pour garantir la continuité opérationnelle et la résilience des données, notamment face à des événements indésirables. Ces pratiques jouent un rôle crucial dans la protection contre la perte de données, les pannes système, les catastrophes naturelles et les cybermenaces. Explorons pourquoi ces stratégies sont essentielles et certaines des meilleures pratiques associées.

Importance de la sauvegarde et de la récupération :

1. Résilience contre les pannes matérielles et logicielles :
   - Dans un environnement géospatial, où l'intégrité des données est cruciale, les pannes matérielles ou logicielles peuvent entraîner des pertes importantes. La sauvegarde garantit une récupération rapide de ces données, minimisant ainsi l'impact opérationnel.

2. Protection contre les catastrophes naturelles :
   - Les catastrophes naturelles, telles que les tremblements de terre, les inondations ou les incendies, peuvent menacer les infrastructures physiques et

numériques. La sauvegarde, stockée dans des emplacements sécurisés hors site, offre une couche de protection supplémentaire contre la perte totale de données.

3. Atténuation des cybermenaces :

- Avec l'augmentation des cybermenaces, les attaques telles que les ransomwares peuvent compromettre les données critiques. La sauvegarde devient un outil essentiel pour restaurer les données après la suppression des logiciels malveillants, minimisant ainsi l'impact de tels incidents.

4. Garantie de disponibilité continue :

- Une restauration rapide et efficace grâce à des sauvegardes garantit une disponibilité continue des données géospatiales. Ceci est crucial, en particulier dans les scénarios où les perturbations pourraient avoir de graves conséquences, comme dans les services d'urgence ou la navigation.

Meilleures pratiques en matière de sauvegarde et de récupération :

1. Programme de sauvegarde régulier :

- Il est essentiel d'établir un calendrier régulier d'exécution des sauvegardes. Cela garantit que les modifications récentes apportées aux données sont capturées, réduisant ainsi les pertes potentielles en cas de panne.

2. Stockage sécurisé et redondant :
    - Le stockage des sauvegardes dans des emplacements sécurisés et redondants est crucial. Cela peut inclure des serveurs secondaires, des services cloud et des emplacements hors site pour vous protéger contre les catastrophes.

3. Tests de récupération :
    - Effectuer des tests de récupération réguliers est une pratique vitale. Cela vérifie l'efficacité des sauvegardes et garantit que le processus de récupération est fluide et rapide en cas de besoin.

4. Versions historiques :
    - La conservation des versions historiques des sauvegardes permet la récupération des données à des moments spécifiques, ce qui est utile en cas de corruption de données qui pourrait ne pas être immédiatement détectée.

5. Documentation détaillée :
    - Documenter en détail les procédures de sauvegarde et de récupération est essentiel pour faciliter une mise en œuvre efficace dans les situations d'urgence. Ceci est crucial, en particulier dans les environnements géospatiaux complexes.

6. Cryptage des sauvegardes :

- Le cryptage des sauvegardes garantit la sécurité des données pendant le stockage et le transfert. Ceci est crucial, en particulier lorsqu'il s'agit de données géospatiales sensibles.

7. Automatisation des processus :
   - L'automatisation du processus de sauvegarde réduit le risque d'erreur humaine et garantit que les sauvegardes sont effectuées selon le calendrier établi.

8. Politiques de conservation :
   - Établissez des politiques claires de conservation des sauvegardes, déterminant la durée pendant laquelle les sauvegardes seront conservées. Cela vous aide à gérer efficacement le stockage et à répondre aux exigences réglementaires.

La mise en œuvre efficace de pratiques de sauvegarde et de récupération est essentielle pour préserver l'intégrité, la disponibilité et la résilience des données géospatiales. Ces stratégies protègent non seulement contre les pertes accidentelles, mais renforcent également les capacités de réponse dans les scénarios d'urgence.

Chapitre 8 : Intégration de données géospatiales avec des applications

8.1. API et services Web

API et services Web : faciliter l'intégration des données géospatiales

Les API (Application Programming Interfaces) et les services Web jouent un rôle crucial dans l'intégration des données géospatiales avec les applications, permettant une communication efficace entre les systèmes et facilitant le partage d'informations géographiques. Explorons comment ces technologies fonctionnent et pourquoi elles sont essentielles dans ce contexte.

1. Définition des API et Web Services :

- API : Une API est un ensemble de règles et de protocoles qui permettent à une application de communiquer avec une autre. Essentiellement, il s'agit d'un pont qui permet l'interaction entre différents systèmes ou composants logiciels.

- Services Web : il s'agit d'une catégorie spécifique d'API qui utilisent les normes du World Wide Web pour faciliter la communication entre les systèmes distribués sur Internet. Les services Web sont accessibles via HTTP (Hypertext Transfer Protocol) et sont généralement implémentés à l'aide de standards tels que SOAP (Simple Object Access Protocol) ou REST (Representational State Transfer).

deux. Rôle des API et des services Web dans les données géospatiales :

-Communication efficace :
- Les API et les services Web offrent aux systèmes un moyen efficace d'échanger des données géospatiales. Les applications peuvent effectuer des requêtes spécifiques pour obtenir des informations géographiques provenant d'autres sources, ou même envoyer des données géospatiales pour traitement externe.

- Normalisation des communications :
- En utilisant des standards tels que REST ou SOAP, les Web Services offrent une forme de communication standardisée. Cela facilite l'interopérabilité entre les différents systèmes, quels que soient les langages de programmation ou les plateformes utilisées.

- Accès aux données à distance :
- Les API et les services Web permettent d'accéder aux données géospatiales distantes. Ceci est particulièrement utile dans les scénarios où les données sont distribuées sur différents serveurs ou systèmes, permettant aux applications d'accéder à des informations géographiques sans avoir besoin de disposer de toutes les données localement.

- Intégration avec des systèmes externes :

- Les organisations utilisent souvent divers systèmes pour gérer les données géospatiales. Les API et les Web Services facilitent l'intégration de ces systèmes, leur permettant de fonctionner ensemble harmonieusement.

- Mise à jour en temps réel :

- L'utilisation de Web Services facilite la mise à jour en temps réel des données géospatiales. Ceci est essentiel dans les applications qui nécessitent des informations géographiques précises et à jour, telles que les services de navigation ou la surveillance en temps réel.

3. Exemples d'utilisation dans les données géospatiales :

- Services de cartes en ligne :

- De nombreux services de cartes en ligne, tels que Google Maps ou OpenStreetMap, proposent des API permettant aux développeurs d'intégrer des cartes interactives dans leurs propres applications.

- Géocodage et Routage :

- Les API de géocodage et de routage, comme celles fournies par l'API Google Maps, permettent aux développeurs d'intégrer des fonctionnalités de localisation et de navigation dans leurs applications.

- Intégration avec les systèmes SIG (Systèmes d'Information Géographique) :

- Les API et les services Web sont largement utilisés pour intégrer les systèmes SIG, permettant de partager des données géospatiales entre différentes plateformes SIG.

4. Avantages supplémentaires :

- Évolutivité :
- Les API et les services Web offrent une évolutivité, permettant aux systèmes de croître et de s'adapter facilement à mesure que la demande de données géospatiales augmente.

- Facilité d'entretien:
- Les mises à jour des systèmes individuels peuvent être effectuées sans affecter négativement les autres systèmes intégrés via les API. Cela simplifie la maintenance et l'évolution des applications.

- Promotion de l'Innovation :
- En mettant à disposition des API, les organisations encouragent l'innovation, permettant aux développeurs externes de créer de nouvelles applications et services utilisant des données géospatiales.

En résumé, les API et les services Web jouent un rôle central dans l'intégration efficace des données géospatiales dans diverses applications. Ces technologies facilitent non seulement la communication entre les systèmes, mais favorisent également l'interopérabilité et soutiennent la création d'applications plus robustes et innovantes dans le domaine géospatial.

8.2. Intégration avec les applications mobiles

Intégration des données géospatiales dans les applications mobiles : enrichir les expériences et faciliter la prise de décision

L'intégration de données géospatiales dans les applications mobiles représente une révolution dans les expériences numériques, permettant aux utilisateurs d'accéder à des informations contextuelles pertinentes en fonction de leur situation géographique. Cette synergie entre données géospatiales et applications mobiles enrichit non seulement l'expérience utilisateur mais offre également des fonctionnalités innovantes et pratiques. Nous explorerons comment cette intégration se produit et fournirons des exemples pratiques.

Comment se déroule l'intégration :

1. API géospatiales pour les développeurs :
   - Les développeurs d'applications mobiles peuvent exploiter les API géospatiales, telles que l'API Google Maps ou l'API Mapbox, pour intégrer des fonctionnalités de cartographie, de géocodage et de routage dans leurs applications.

2. Utilisation des services de localisation d'appareils :

- Les appareils mobiles modernes sont équipés de récepteurs GPS et d'autres capteurs de localisation. Les applications peuvent utiliser ces services pour obtenir la position actuelle de l'utilisateur et présenter des informations pertinentes en fonction de cette position.

3. Intégration avec des données externes :

- En plus des services cartographiques standard, les applications peuvent s'intégrer à des bases de données géospatiales externes pour obtenir des informations spécifiques sur les points d'intérêt, les itinéraires recommandés ou les données environnementales.

Exemples pratiques :

1. Navigation et routage :

- Les applications de navigation telles que Google Maps utilisent des données géospatiales pour fournir des itinéraires précis et des informations routières en temps réel, permettant ainsi aux utilisateurs de prendre des décisions éclairées concernant leurs déplacements.

2. Réalité augmentée basée sur la localisation :

- Les applications qui utilisent la réalité augmentée géolocalisée offrent des expériences immersives en superposant des informations géospatiales sur l'environnement physique. Cela peut inclure des détails sur les attractions touristiques, les restaurants ou des informations historiques.

3. Applications de livraison et de logistique :

- Les entreprises de livraison utilisent des données géospatiales pour optimiser les itinéraires de livraison, suivre les véhicules en temps réel et fournir aux utilisateurs des informations précises sur l'état de leurs commandes.

4. Applications d'urbanisme :

- Les applications développées pour l'urbanisme peuvent fournir des visualisations interactives de l'environnement urbain, intégrant des données sur les zones de construction, la planification du trafic et les espaces verts.

5. Applications de santé et de bien-être :

- Les applications de fitness qui intègrent des données géospatiales peuvent suivre les itinéraires de course, fournir des informations sur les sentiers de randonnée et même avertir des zones polluées.

6. Marketing basé sur la localisation :

- Les entreprises utilisent les données géospatiales pour personnaliser les offres et les publicités en fonction de la localisation de l'utilisateur, offrant ainsi une expérience plus pertinente et ciblée.

Avantages de l'intégration :

1. Pertinence contextuelle :

- L'intégration des données géospatiales permet aux applications de fournir des informations contextuellement pertinentes, s'adaptant à l'emplacement spécifique de l'utilisateur.

2. Prise de décision éclairée :
- Les utilisateurs peuvent prendre des décisions plus éclairées basées sur des informations géographiques, comme choisir l'itinéraire le plus rapide, découvrir des points d'intérêt ou recevoir des alertes pertinentes.

3. Expériences innovantes :
- La combinaison de données géospatiales avec des fonctionnalités mobiles telles que des capteurs de mouvement et des caméras ouvre la voie à des expériences innovantes telles que la navigation en réalité augmentée ou les jeux géolocalisés.

4. Efficacité opérationnelle :
- Des secteurs tels que la logistique et les services de livraison peuvent optimiser leurs opérations, réduire les délais de livraison et améliorer l'efficacité globale sur la base de données géospatiales en temps réel.

En fin de compte, l'intégration des données géospatiales dans les applications mobiles représente une évolution significative dans la façon dont nous interagissons avec la technologie dans notre vie quotidienne. Cette synergie offre non seulement praticité et efficacité, mais ouvre également les portes à la création d'expériences numériques innovantes et riches en contexte.

8.3. Intégration avec les systèmes de planification

Intégration des données géospatiales avec les systèmes de planification : optimisation des processus stratégiques

L'intégration de données géospatiales aux systèmes de planification est une approche stratégique qui offre des avantages significatifs dans plusieurs secteurs, tels que la planification urbaine, logistique et environnementale. Cette synergie permet une compréhension plus holistique et contextualisée des données, améliorant l'efficacité opérationnelle et permettant une prise de décision plus éclairée. Explorons le concept de cette intégration et mettons en évidence des cas d'utilisation spécifiques.

Le concept d'intégration :

L'intégration de données géospatiales avec les systèmes de planification fait référence à la combinaison d'informations géographiques avec les processus et décisions inhérents à la planification stratégique. Cela implique la collecte, l'analyse et l'interprétation de données géospatiales pertinentes pour enrichir le contexte de systèmes de planification spécifiques.

Avantages de l'intégration :

1. Vue holistique :
   - L'incorporation de données géospatiales offre une vue complète et visuelle de l'environnement analysé. Ceci est particulièrement précieux dans la planification urbaine, où la visualisation de l'espace physique est essentielle.

2. Prise de décision éclairée :
   - L'intégration permet aux décideurs de prendre en compte des facteurs géographiques cruciaux. Dans le domaine de la logistique, par exemple, l'emplacement des entrepôts et des centres de distribution peut être optimisé sur la base de données géospatiales.

3. Efficacité opérationnelle :
   - Dans la planification logistique, l'intégration des données géospatiales permet d'optimiser les itinéraires de livraison, de réduire les temps de transit et d'améliorer l'efficacité opérationnelle.

4. Planification urbaine durable :
   - En planification urbaine, les données géospatiales sont cruciales pour évaluer l'expansion urbaine, identifier les zones sujettes aux catastrophes naturelles

et planifier une utilisation efficace des terres pour promouvoir la durabilité.

5. Surveillance environnementale :
   - Dans les systèmes de planification environnementale, les données géospatiales permettent de surveiller les changements dans les conditions environnementales, d'évaluer la biodiversité et de planifier des interventions de préservation.

Cas d'utilisation spécifiques :

1. Urbanisme :
   - Dans le cadre de l'expansion urbaine, l'intégration des données géospatiales permet d'identifier les zones propices au développement, en tenant compte de facteurs tels que l'accessibilité, les infrastructures existantes et les impacts environnementaux potentiels.

2. Logistique et chaîne d'approvisionnement :
   - En logistique, l'intégration des données géospatiales facilite la gestion des itinéraires, la localisation des entrepôts stratégiques et la réduction des coûts associés au transport.

3. Agriculture de précision :
   - En agriculture, les données géospatiales sont utilisées pour optimiser l'utilisation des ressources, comme l'eau et les engrais, en fonction des caractéristiques spécifiques de chaque zone cultivée.

4. Planification de la fonction publique :

   - Lors de la planification des services publics, tels que les réseaux d'eau et d'énergie, l'intégration des données géospatiales facilite l'identification des zones qui nécessitent des améliorations ou un entretien.

5. Gestion des catastrophes :

   - Dans les situations de catastrophe naturelle, l'intégration des données géospatiales permet une réponse plus rapide et plus efficace, en identifiant les zones touchées et en optimisant le ciblage des ressources.

    L'intégration des données géospatiales avec les systèmes de planification est une étape fondamentale vers l'optimisation des processus stratégiques dans divers domaines. En intégrant des informations géographiques, les systèmes de planification acquièrent une dimension plus complète et contextualisée, offrant des avantages tangibles en termes d'efficacité, de durabilité et de prise de décision éclairée.

8.4. Visualisation des données géospatiales

L'importance de la visualisation des données géospatiales : amélioration de la compréhension et de la prise de décision

La visualisation des données géospatiales joue un rôle crucial dans l'interprétation et la communication efficace des informations géographiques. En transformant des données complexes en représentations visuelles compréhensibles, il facilite l'analyse, favorise des informations plus approfondies et est essentiel pour soutenir une prise de décision éclairée. Explorons l'importance de la visualisation et les techniques/outils utilisés pour présenter efficacement les données géospatiales.

Importance de la visualisation :

1. Contextualisation spatiale :
    - La visualisation permet une compréhension instantanée du contexte spatial des données. Ceci est crucial dans des domaines tels que l'urbanisme, la gestion environnementale et la logistique, où la situation géographique est fondamentale pour la prise de décision.

2. Identification des modèles et des tendances :
    - Les graphiques, cartes et visualisations 3D permettent une identification rapide des modèles et des tendances dans les données géospatiales. Cela facilite la découverte d'informations précieuses qui pourraient autrement manquer dans des ensembles de données purement tabulaires.

3. Communication efficace :

- Des visualisations claires sont essentielles pour communiquer des informations géospatiales complexes à des publics divers. Ils simplifient les concepts complexes, rendant les données accessibles et compréhensibles à un public plus large.

4. Prise de décision éclairée :

- Une visualisation efficace permet aux décideurs de comprendre les implications spatiales des données. Cela est crucial dans des domaines tels que la gestion des urgences, où la rapidité de la prise de décision est essentielle.

5. Exploration interactive :

- Les outils de visualisation interactifs permettent aux utilisateurs d'explorer les données géospatiales de manière dynamique. Cela favorise une compréhension plus approfondie, car les utilisateurs peuvent se concentrer sur des domaines d'intérêt spécifiques.

Techniques et outils de visualisation :

1. Cartes :

- Les cartes sont une forme fondamentale de visualisation géospatiale. Elles peuvent aller de simples cartes à des cartes interactives intégrant des couches d'informations supplémentaires, telles que la densité de population, les conditions météorologiques ou les infrastructures.

2. Graphiques spatiaux :

- Les graphiques intégrant des informations géographiques, tels que les graphiques à barres ou les nuages de points spatiaux, peuvent fournir des informations sur la répartition des données dans différentes régions.

3. Vue 3D :
- Les environnements 3D sont efficaces pour représenter des informations géospatiales en trois dimensions. Ceci est précieux dans des secteurs tels que l'architecture, l'urbanisme et la géologie.

4. Infographies géographiques :
- Les infographies sont des représentations visuelles qui peuvent inclure des cartes, des graphiques et des icônes pour communiquer des informations géospatiales de manière concise et attrayante.

5. Réalité augmentée (AR) :
- AR intègre les données géospatiales dans l'environnement physique, offrant une expérience immersive. Ceci est précieux dans des domaines tels que le tourisme, l'éducation et le design urbain.

Importance dans l'interprétation des données :

1. Identification des relations spatiales :
- Les visualisations facilitent l'identification des relations spatiales entre différents ensembles de données, permettant une analyse plus approfondie.

2. Détection des anomalies :

- En visualisant les modèles spatiaux, il est plus facile de détecter les anomalies ou les zones qui se démarquent, indiquant la nécessité d'une enquête plus approfondie.

3. Compréhension de la distribution :

- La visualisation permet de comprendre la répartition spatiale des phénomènes, de la concentration de la population aux modèles climatiques.

4. Communication efficace :

- En présentant les données géospatiales de manière visuelle, la communication est améliorée, facilitant le partage d'informations et la collaboration entre les équipes.

5. Prise en charge de l'analyse temporelle :

- Les graphiques temporels et les animations géospatiales permettent d'analyser les changements au fil du temps, fournissant des informations précieuses sur les modèles ou évolutions saisonnières.

La visualisation des données géospatiales est essentielle pour extraire le sens et la valeur d'informations complexes. Non seulement il améliore la compréhension, mais il joue également un rôle clé dans une communication efficace et une prise de décision éclairée dans divers secteurs.

8.5. Études de cas d'intégration

Études de cas réussies en intégration de données géospatiales : efficacité, décisions innovantes et impact technologique

L'intégration des données géospatiales a joué un rôle fondamental dans diverses applications, offrant des avantages significatifs en termes d'efficacité opérationnelle, de prise de décision et d'innovation technologique. Vous trouverez ci-dessous quelques études de cas réussies qui illustrent comment cette intégration a entraîné des progrès notables dans différents secteurs.

1. Uber : optimisation des itinéraires en temps réel

* Contexte:
- Uber utilise largement les données géospatiales pour optimiser les itinéraires de voyage en temps réel. Cela améliore non seulement l'expérience utilisateur, mais réduit également le temps de trajet et optimise l'attribution des véhicules.

* Avantages:
- Efficacité opérationnelle : l'intégration des données géospatiales permet à Uber d'optimiser dynamiquement les itinéraires en fonction du trafic en temps réel, ce qui se traduit par des trajets plus rapides et plus efficaces.

- Prise de décision éclairée : l'analyse continue des données géospatiales permet de prendre des décisions éclairées sur les stratégies d'expansion, en identifiant les domaines à forte demande et les opportunités de croissance.

2. Esri : ArcGIS pour la planification urbaine durable

* Contexte:
- Esri, société spécialisée dans les systèmes d'information géographique (SIG), a mis en œuvre ArcGIS dans des projets d'urbanisme durable dans plusieurs villes.

* Avantages:
- Efficacité opérationnelle : l'intégration permet une analyse détaillée de l'environnement urbain, optimisant l'utilisation des sols, identifiant les zones adaptées aux projets verts et facilitant la planification des infrastructures.

- Prise de décision pour la durabilité : les visualisations géospatiales fournissent des données critiques pour les décisions visant la durabilité, telles que la création d'espaces verts, la gestion des déchets et la planification des transports publics.

3. Vision du monde de la NASA : surveillance du climat mondial

* Contexte:

- NASA Worldview est une plateforme qui intègre des données géospatiales pour la surveillance du climat mondial. Il regroupe les informations provenant des satellites et fournit des vues en temps réel.

* Avantages:
- Innovation technologique : L'intégration de données géospatiales avancées permet aux chercheurs, aux scientifiques et au grand public de surveiller les événements climatiques mondiaux en temps réel, contribuant ainsi à la compréhension et à l'atténuation du changement climatique.

4. Zillow : visualisation géospatiale pour l'immobilier

* Contexte:
- Zillow, une plateforme de marché immobilier, utilise des données géospatiales pour fournir des informations détaillées sur la propriété, notamment les prix, l'historique des ventes et les données démographiques locales.

* Avantages:
- Efficacité de la recherche immobilière : l'intégration de données géospatiales permet aux utilisateurs de rechercher plus facilement et efficacement des propriétés en fonction de critères spécifiques tels que l'emplacement, le prix et les caractéristiques du quartier.

- Prise de décision éclairée : grâce à des informations détaillées et des vues géospatiales, les acheteurs et les vendeurs disposent d'une base solide pour prendre des décisions éclairées sur le marché immobilier.

5. Banque mondiale : Surveillance de l'épidémie

* Contexte:
- La Banque mondiale utilise l'intégration de données géospatiales pour surveiller les épidémies à l'échelle mondiale. Cela implique d'analyser les données de santé, les mouvements de population et les conditions environnementales.

* Avantages:
- Réponse rapide aux épidémies : l'intégration des données géospatiales permet une réponse plus rapide aux épidémies, facilitant l'allocation efficace des ressources de santé et le développement de stratégies de confinement.

- Prise de décision basée sur la localisation : grâce aux visualisations géospatiales, les autorités sanitaires peuvent identifier les zones à risque, coordonner les efforts de vaccination et mettre en œuvre des mesures préventives plus efficacement.

Ces études de cas mettent en évidence comment l'intégration des données géospatiales optimise non seulement les processus opérationnels, mais stimule également l'innovation technologique et soutient une prise de décision éclairée dans une variété d'industries, démontrant l'impact significatif de cette approche interdisciplinaire.

- La complexité spatiale des données géospatiales réside dans la représentation tridimensionnelle du monde réel. De plus, une grande partie de ces données sont dynamiques et varient dans le temps. Cela ajoute une dimension temporelle, les rendant plus difficiles et, en même temps, plus riches en informations.

3. Variété de formats :

- Les données géospatiales peuvent prendre de nombreux formats, notamment des données vectorielles, des données raster, des données de télédétection, etc. L'intégration et l'analyse de ces divers formats nécessitent des approches flexibles et adaptables.

Gestion dans les systèmes Big Data :

1. Stockage distribué :

- Les environnements Big Data, tels que Hadoop Distributed File System (HDFS), permettent le stockage distribué de données géospatiales à grande échelle. Cette approche facilite l'évolutivité horizontale, permettant de traiter efficacement de gros volumes de données.

2. Traitement parallèle :

- Les systèmes Big Data, tels qu'Apache Spark, offrent des capacités de traitement parallèle. Ceci est crucial pour analyser simultanément de grands ensembles de données géospatiales, réduisant ainsi considérablement les temps de traitement.

3. Outils spécifiques :

- Des outils et bibliothèques spécifiques aux données géospatiales, tels que GeoSpark et GeoMesa, ont été développés pour fonctionner efficacement dans les environnements Big Data. Ils offrent des fonctionnalités avancées pour les requêtes et l'analyse spatiales.

4. Intégration avec les frameworks d'apprentissage automatique :

- Les environnements Big Data intègrent souvent des frameworks d'apprentissage automatique, tels que TensorFlow ou Apache Flink, permettant une analyse prédictive avancée des données géospatiales.

5. Visualisation distribuée :

- Les systèmes Big Data peuvent également être intégrés à des outils de visualisation distribués, tels qu'Apache Superset ou Tableau, pour représenter graphiquement les résultats des analyses géospatiales.

Importance de l'intégration :

1. Analyses évolutives :

- L'intégration de données géospatiales dans des environnements Big Data permet une analyse à grande échelle, permettant le traitement efficace de grands volumes de données et l'exécution de requêtes spatiales complexes en temps réel.

2. Prise de décision éclairée :

- La capacité d'analyser les données géospatiales en conjonction avec d'autres sources de données dans des environnements Big Data élargit la compréhension du contexte, permettant une prise de décision plus éclairée dans divers secteurs, tels que la logistique, l'urbanisme et les sciences de l'environnement.

3. Innovation technologique :
- L'intégration des données géospatiales dans les environnements Big Data stimule l'innovation technologique, permettant la création de solutions avancées telles que des systèmes de navigation précis, une analyse des risques environnementaux en temps réel et une optimisation d'itinéraires à grande échelle.

4. Efficacité de l'analyse temporelle :
- Les environnements Big Data facilitent l'analyse des données géospatiales au fil du temps, permettant l'identification de modèles temporels, de tendances saisonnières et d'analyses dynamiques pour des secteurs tels que l'agriculture, la surveillance du climat et la gestion des catastrophes.

L'intégration des données géospatiales dans les environnements Big Data représente une puissante synergie, permettant des analyses évolutives, une prise de décision éclairée et des innovations technologiques. Cela élargit non seulement les capacités analytiques, mais stimule également la transformation dans plusieurs secteurs qui dépendent fortement des informations géographiques.

9.2. Traitement des données à grande échelle

Traitement de données géospatiales à grande échelle : stratégies distribuées et technologies innovantes

Le traitement des données géospatiales à grande échelle implique l'application de techniques distribuées pour gérer efficacement de grands volumes de données géographiques. À mesure que la quantité de données géospatiales continue de croître, il devient impératif d'employer des approches évolutives. Nous explorerons comment les techniques de traitement distribué sont appliquées dans ce contexte et mettrons en évidence les technologies couramment utilisées.

Défis du traitement des données géospatiales :

1. Volume important :
   - Les données géospatiales représentent souvent de vastes ensembles d'informations, notamment des cartes, des images satellite et des données temporelles. Le volume important de ces données peut submerger les systèmes de traitement conventionnels.

2. Complexité spatiale et temporelle :
   - La complexité spatiale et temporelle des données géospatiales augmente la charge de traitement. La

représentation tridimensionnelle du monde réel et la dynamique temporelle des données nécessitent des approches spécialisées.

3. Nécessité d'une analyse complexe :
    - L'analyse géospatiale implique souvent des opérations complexes telles que des requêtes spatiales, la jointure de données spatiales et l'analyse de proximité, qui peuvent nécessiter beaucoup de calculs.

Techniques de traitement distribué :

1. Diviser pour conquérir (MapReduce) :
    - La technique MapReduce divise une tâche complexe en tâches plus petites, appelées « map » et « reduce », qui peuvent être réparties entre plusieurs nœuds de traitement. Il est efficace pour les opérations parallélisables telles que le traitement d'images et l'extraction d'informations à partir de grands ensembles de données géospatiales.

2. Traitement par lots et en temps réel :
    - Les systèmes distribués peuvent traiter les données géospatiales par lots ou en temps réel. Même si les opérations par lots sont efficaces pour l'analyse historique, le traitement en temps réel est crucial pour les applications qui nécessitent des réponses immédiates, telles que la surveillance en temps réel.

3. Indexation spatiale distribuée :

- L'indexation spatiale distribuée, telle que l'utilisation d'index R-tree dans les systèmes distribués, facilite des requêtes spatiales efficaces. Cette technique est essentielle pour des opérations telles que la recherche de points à proximité ou le filtrage par région.

4. Parallélisme dans les requêtes spatiales :

- La possibilité de distribuer des requêtes spatiales sur plusieurs instances de traitement permet l'exécution simultanée d'opérations complexes sur de grands ensembles de données. Ceci est fondamental pour des opérations telles que l'analyse de densité et le regroupement spatial.

Technologies couramment utilisées :

1.Apache Hadoop :

- Hadoop est un framework qui prend en charge la mise en œuvre du modèle MapReduce. Il est efficace pour traiter de gros volumes de données géospatiales par lots.

2. Apache Spark :

- Spark offre une approche plus rapide et plus flexible du traitement distribué, permettant des analyses interactives et des opérations en temps réel. Il est particulièrement utile pour les opérations complexes sur les données géospatiales.

3. GéoSpark :

- GeoSpark est une extension Spark conçue spécifiquement pour le traitement géospatial. Il fournit des opérations géospatiales efficaces et est intégré à l'écosystème Spark.

4. HBase :

- HBase est une base de données NoSQL distribuée qui peut être utilisée pour stocker des données géospatiales. Il offre un accès rapide aux données spatiales indexées.

5. Apache Flink :

- Flink est une plateforme de traitement en temps réel qui prend en charge des analyses complexes et des requêtes spatiales sur des flux de données continus.

Importance et impact :

1. Efficacité opérationnelle :

- Le traitement distribué améliore considérablement l'efficacité opérationnelle en permettant une analyse rapide et précise de grands ensembles de données géospatiales.

2. Analyse en temps réel :

- Le traitement distribué en temps réel permet une surveillance en temps réel, une réponse rapide aux événements et une analyse continue.

3. Applications évolutives :

   - Les techniques de traitement distribué rendent les applications géospatiales évolutives, prenant en charge la croissance continue des données et des utilisateurs.

4. Innovation technologique :

   - Ces approches sont fondamentales pour l'innovation technologique

9.3. Stockage distribué

Stockage distribué de données géospatiales dans des environnements Big Data : évolutivité et efficacité

Le stockage distribué des données géospatiales dans des environnements Big Data constitue une approche fondamentale pour gérer la complexité et le volume massif de ces données. Cette stratégie distribuée offre non seulement une évolutivité, mais offre également une plus grande efficacité dans la gestion de grands ensembles d'informations géographiques. Explorons le concept de stockage distribué et les technologies couramment utilisées dans ce contexte.

Concept de stockage distribué :

Le stockage distribué est un paradigme dans lequel les données sont réparties entre plusieurs nœuds d'un système, plutôt que d'être centralisées en un seul emplacement. Chaque nœud contient une partie des données et la distribution est gérée de manière coordonnée pour garantir l'intégrité et l'accessibilité des données. Cela contribue non seulement à l'évolutivité, mais assure également la redondance et la tolérance aux pannes.

Contributions à l'évolutivité :

1. Répartition de la charge :
    - En répartissant les données géospatiales entre plusieurs nœuds, la charge de stockage et de traitement est répartie équitablement. Cela évite les goulots d'étranglement et permet au système de répondre efficacement aux demandes croissantes.

2. Parallélisme :
   - L'architecture distribuée permet l'exécution parallèle d'opérations sur différentes parties des données. Ceci est crucial pour effectuer des requêtes spatiales complexes sur de grands ensembles de données géospatiales, améliorant ainsi considérablement les performances.

3. Expansion horizontale :
    - À mesure que la quantité de données géospatiales augmente, il est possible d'ajouter de nouveaux nœuds au système pour étendre la capacité de stockage et de traitement. Cette approche offre une évolutivité horizontale, cruciale dans les environnements Big Data.

Technologies de stockage distribuées couramment utilisées :

1. Système de fichiers distribués Hadoop (HDFS) :
   - HDFS est une solution centrale de l'écosystème Hadoop. Il divise les données en blocs répartis sur plusieurs nœuds, offrant une haute disponibilité et une tolérance aux pannes.

2. Cassandre :
   - Cassandra est une base de données NoSQL distribuée, efficace pour stocker des données géospatiales. Fournit une évolutivité linéaire et une résilience aux pannes.

3. Amazon S3 (service de stockage simple) :
   - S3 est un service de stockage distribué d'AWS, permettant le stockage efficace et sécurisé de grands volumes de données géospatiales.

4. Stockage Google Cloud :
   - Semblable à S3, Google Cloud Storage est une solution distribuée sur la plateforme Google Cloud, offrant des fonctionnalités avancées de stockage et de récupération.

5. Base H :
   - HBase est une base de données NoSQL distribuée intégrée à Hadoop. Fournit un cadre évolutif pour

stocker des données géospatiales dans des tables distribuées.

Avantages du stockage distribué pour les données géospatiales :

1. Redondance et tolérance aux pannes :
   - La distribution des données assure la redondance, réduisant le risque de perte d'informations en cas de panne de l'un des nœuds.

2. Récupération efficace :
   - La distribution permet une récupération efficace des données même en cas de panne, garantissant une haute disponibilité.

3. Évolution continue :
   - L'ajout de nouveaux nœuds permet l'évolution continue du système, en s'adaptant à la croissance des données géospatiales.

4. Performances optimisées :
   - Les opérations parallèles et distribuées améliorent les performances globales, en particulier dans les requêtes spatiales complexes.

   Le stockage distribué des données géospatiales dans des environnements Big Data représente une approche essentielle pour relever les défis inhérents à la complexité et au volume de ces données. Ces solutions offrent non seulement une évolutivité, mais garantissent également une efficacité opérationnelle et une haute disponibilité dans un contexte où les grands ensembles de données géospatiales constituent la norme.

9.4. Analyse de données géospatiales dans le Big Data

Analyse des données géospatiales dans les environnements Big Data : techniques avancées pour des informations significatives

L'analyse des données géospatiales dans les environnements Big Data implique l'application de techniques avancées pour extraire des informations significatives à partir de grands ensembles de données géographiques. Nous explorerons les principales techniques, algorithmes et outils spécifiques utilisés dans ce contexte.

1. Traitement distribué :
   - Dans les environnements Big Data, le traitement distribué est fondamental. Des outils comme Apache Spark sont largement utilisés pour traiter efficacement de grands volumes de données géospatiales, permettant des analyses complexes et l'extraction d'informations pertinentes.

deux. Analyse du modèle spatial :

- Des algorithmes d'analyse de modèles spatiaux, tels que Getis-Ord Gi* (G pour Getis et O pour Ord), sont appliqués pour identifier des groupes spatiaux à incidence élevée ou faible d'événements. Cette technique est précieuse dans des domaines tels que l'épidémiologie, l'urbanisme et la surveillance environnementale.

3. Géoanalyse :
- Les plateformes spécialisées en géoanalyse, comme GeoMesa, permettent l'analyse de grands ensembles de données géospatiales en temps réel. Ceci est crucial dans des scénarios tels que la surveillance du trafic, où l'analyse en temps réel des données de localisation est essentielle.

4. Espace d'apprentissage automatique :
- Des algorithmes d'apprentissage automatique adaptés aux données géospatiales, tels que les machines à vecteurs de support (SVM) et Random Forest, sont appliqués à des tâches telles que la classification des images satellite, la prévision des schémas de mouvement et l'identification des anomalies géospatiales.

5. MapReduce pour les requêtes spatiales :
- L'approche MapReduce, popularisée par Hadoop, est appliquée aux requêtes spatiales sur de grands ensembles de données. Cela permet une parallélisation efficace d'opérations spatiales complexes, améliorant ainsi les performances.

6. Analyse spatio-temporelle :

- Dans de nombreux cas, la dimension temporelle est cruciale dans l'analyse des données géospatiales. Des techniques d'analyse spatio-temporelle, telles que l'utilisation de cubes OLAP spatio-temporels, sont appliquées pour comprendre les modèles qui évoluent au fil du temps.

7. Vue interactive :

- Des outils de visualisation interactifs tels que Tableau et Power BI sont intégrés aux plateformes Big Data pour fournir une représentation graphique intuitive des données géospatiales. Cela facilite l'interprétation rapide des modèles et des tendances.

8. Analyse du réseau géospatial :

- Des algorithmes d'analyse de réseau, tels que l'algorithme de routage de Dijkstra, sont utilisés pour comprendre la connectivité dans les environnements géographiques. Cette analyse est précieuse en matière de logistique, de transport et d'urbanisme.

9. Analyse des sentiments géolocalisés :

- Dans les données provenant des réseaux sociaux ou de sources médiatiques, l'analyse des sentiments géolocalisés est appliquée pour comprendre la perception des gens concernant des emplacements spécifiques. Ceci est utile pour le marketing et la prise de décisions basées sur la réputation du lieu.

10. Simulation spatiale :

- Des algorithmes de simulation spatiale sont appliqués pour prédire le comportement futur de phénomènes géospatiaux complexes tels que la croissance urbaine, le changement climatique régional et la propagation des maladies.

L'analyse des données géospatiales dans les environnements Big Data est un domaine en constante évolution, motivé par la combinaison de techniques avancées d'analyse spatiale, d'apprentissage automatique et de traitement distribué. La capacité à extraire des informations significatives à partir de vastes ensembles de données géographiques est essentielle pour une prise de décision éclairée dans des secteurs tels que l'urbanisme, la logistique, la santé et l'environnement.

9.5. Défis et opportunités

Défis et opportunités liés à l'intégration des données géospatiales au Big Data

L'intégration des données géospatiales avec le Big Data offre une série de défis et d'opportunités, reflétant la complexité inhérente à l'analyse de grands ensembles de données géographiques. Nous explorerons ces aspects, en mettant en évidence les difficultés rencontrées et les innovations potentielles qui peuvent surgir.

Défis:

1. Complexité de l'analyse spatiale :
   - La complexité des données géospatiales est accrue lorsqu'elles sont intégrées à des ensembles massifs de Big Data. L'analyse spatiale nécessite des algorithmes avancés et des techniques spécialisées pour gérer la dimensionnalité et l'hétérogénéité de ces données.

2. Besoin d'outils spécialisés :
   - L'analyse des données géospatiales dans les environnements Big Data nécessite des outils spécialisés capables de gérer efficacement des opérations complexes et des requêtes spatiales à grande échelle. La rareté des outils génériques peut constituer un obstacle.

3. Gestion de la dimensionnalité :
   - Les données géospatiales ont souvent plusieurs dimensions, notamment des coordonnées spatiales et temporelles. Gérer et analyser efficacement cette dimensionnalité est un défi, surtout lorsqu'il est associé à de grands volumes de données.

4. Intégration de données provenant de différentes sources :
   - L'intégration de données géospatiales implique souvent la fusion d'informations provenant de différentes

sources, telles que des capteurs à distance, des appareils mobiles et des réseaux sociaux. L'alignement et l'harmonisation de ces données peuvent être compliqués en raison des différents formats et normes.

5. Confidentialité et sécurité :

- Les données géospatiales contiennent souvent des informations sensibles liées à des emplacements spécifiques. Assurer la confidentialité et la sécurité de ces données, notamment dans les environnements Big Data partagés, est une préoccupation cruciale.

Opportunités:

1. Découvertes à grande échelle :

- L'intégration des données géospatiales au Big Data offre la possibilité de faire des découvertes à grande échelle, révélant des modèles et des corrélations qui ne seraient pas perceptibles dans des ensembles de données plus petits. Ceci est particulièrement pertinent dans la recherche scientifique, l'urbanisme et la surveillance environnementale.

2. Innovation en analyse spatiale :

- Les défis associés à l'analyse spatiale à grande échelle stimulent l'innovation dans les algorithmes et les techniques d'analyse. De nouvelles méthodes sont développées pour traiter la complexité des données, ouvrant la voie à des avancées significatives dans la compréhension des phénomènes géographiques.

3. Prise de décision éclairée par l'emplacement :

- L'intégration efficace des données géospatiales avec le Big Data fournit une base solide pour une prise de décision éclairée par la localisation. Ceci est particulièrement précieux dans des secteurs tels que la logistique, l'agriculture de précision et la gestion des ressources naturelles.

4. Applications en temps réel :

- La capacité d'analyser des données géospatiales en temps réel dans des environnements Big Data ouvre des opportunités pour des applications dynamiques telles que la surveillance du trafic en temps réel, la réponse aux catastrophes et l'optimisation des itinéraires.

5. Compréhension holistique du contexte :

- L'intégration des données géospatiales avec le Big Data permet une compréhension plus holistique du contexte spatial. Ceci est essentiel pour comprendre les interactions complexes entre les variables géographiques et d'autres données, ce qui permet d'obtenir des informations plus approfondies.

L'intégration des données géospatiales au Big Data est un domaine difficile, mais les opportunités d'innovation et de découverte à grande échelle sont importantes. Alors que nous sommes confrontés à des défis techniques et de gestion, les récompenses incluent une compréhension plus approfondie du monde qui nous entoure et la capacité de prendre des décisions plus éclairées et plus efficaces. La recherche de solutions créatives et le développement continu d'outils spécialisés sont essentiels pour libérer tout le potentiel de cette intégration.

Chapitre 10 : Applications et industries des données géospatiales

10.1. Agriculture de précision

Agriculture de précision : le rôle des données géospatiales dans l'optimisation agricole

L'agriculture de précision est une approche moderne qui utilise les données géospatiales pour optimiser les pratiques agricoles, offrant ainsi des avantages significatifs en termes d'efficacité, de productivité et de durabilité. Voici quelques façons fondamentales d'appliquer les données géospatiales à l'agriculture de précision :

1. Cartographie des sols :
   - Les données géospatiales sont utilisées pour cartographier les caractéristiques du sol, notamment la texture, les nutriments et les niveaux d'humidité. Ces informations sont cruciales pour comprendre la variabilité des sols dans une zone agricole, permettant la segmentation en zones de gestion spécifiques.

deux. Télédétection :
   - Les technologies de télédétection telles que l'imagerie satellitaire et les drones fournissent des données géospatiales à haute résolution sur la santé

des plantes, leurs schémas de croissance et leurs problèmes potentiels. Cela permet une détection précoce des ravageurs, des maladies et des carences nutritionnelles.

3. Surveillance du climat :
   - Les données climatiques géospatiales, telles que la température, l'humidité et les précipitations, sont fondamentales dans l'agriculture de précision. La surveillance en temps réel de ces variables aide les agriculteurs à ajuster leurs calendriers de plantation, d'arrosage et de récolte en fonction des conditions météorologiques spécifiques.

4. Agriculture à taux variable :
   - Sur la base de données géospatiales, les agriculteurs peuvent mettre en œuvre une agriculture à taux variable, en ajustant l'application d'intrants (tels que les engrais et les produits agrochimiques) en fonction des caractéristiques spécifiques de chaque partie du champ. Cela réduit non seulement les coûts, mais minimise également les impacts environnementaux.

5. Systèmes de positionnement global (GPS) :
   - L'intégration des systèmes de positionnement global (GPS) dans l'agriculture de précision permet une cartographie précise des activités agricoles telles que la plantation, la pulvérisation et la récolte. Cela contribue à l'enregistrement détaillé des opérations et à la création de cartes de productivité.

6. Automatisation et robotique :

- Grâce aux données géospatiales, des systèmes autonomes et des robots agricoles peuvent être programmés pour effectuer des tâches spécifiques, telles que le semis ou la récolte dans des zones spécifiques du champ. Cela augmente non seulement l'efficacité, mais réduit également la dépendance au travail humain.

7. Surveillance topographique :

- Les données géospatiales facilitent la surveillance topographique du terrain, aidant les agriculteurs à comprendre les variations d'altitude, de drainage et d'autres caractéristiques importantes. Ces informations sont cruciales pour planifier les systèmes d'irrigation et prévenir des problèmes tels que l'érosion.

Avantages de l'agriculture de précision avec données géospatiales :

1. Optimisation des ressources :

- L'agriculture de précision permet une allocation efficace des ressources, telles que l'eau et les intrants agricoles, réduisant ainsi les déchets.

2. Efficacité accrue :

- En adaptant les pratiques agricoles aux conditions spécifiques de chaque zone, les agriculteurs peuvent atteindre une plus grande efficacité de production.

3. Réduction des coûts :

- L'utilisation précise des intrants entraîne une réduction significative des coûts d'exploitation, améliorant ainsi la rentabilité.

4. Minimisation des impacts environnementaux :
- L'agriculture de précision contribue à des pratiques agricoles plus durables, en minimisant la surapplication d'intrants et en réduisant les impacts environnementaux négatifs.

5. Prise de décision éclairée :
- Les données géospatiales permettent aux agriculteurs de prendre des décisions éclairées, en tenant compte de la variabilité spatiale de leurs terres.

L'agriculture de précision, pilotée par des données géospatiales, représente une approche innovante qui non seulement augmente l'efficacité agricole, mais favorise également la durabilité et la résilience du secteur. Cette intégration technologique transforme la façon dont les agriculteurs gèrent leurs terres, offrant des avantages à la fois économiques et environnementaux.

10.2. Gestion des ressources naturelles

Gestion des ressources naturelles : le rôle fondamental des données géospatiales

La gestion des ressources naturelles constitue un défi crucial et les données géospatiales jouent un rôle essentiel dans ce processus. Ces informations offrent une vue complète des écosystèmes, de la biodiversité et des ressources en eau, permettant une prise de décision plus éclairée et durable. Explorons comment les données géospatiales sont appliquées à la gestion des ressources naturelles.

1. Cartographie des écosystèmes :
   - Les données géospatiales sont utilisées pour cartographier et surveiller les écosystèmes, en identifiant les zones de forêts, de prairies, de zones humides et d'autres types d'habitats naturels. Ceci est crucial pour comprendre la répartition géographique des écosystèmes et évaluer leur état de conservation.

deux. Surveillance de la biodiversité :
   - Les informations sur la biodiversité, y compris la répartition des espèces végétales et animales, sont cartographiées à l'aide de données géospatiales. Cela facilite le suivi des populations, l'identification des zones de forte biodiversité et l'évaluation de l'impact des activités humaines sur les espèces.

3. Conservation des aires protégées :
   - Les données géospatiales sont fondamentales pour la gestion des zones protégées, telles que les parcs nationaux et les réserves naturelles. Cartographier avec précision ces zones permet de surveiller les activités

illégales, de planifier des stratégies de conservation et d'évaluer le succès des initiatives de conservation.

4. Utilisation durable des terres :

- La gestion durable des terres s'appuie sur des données géospatiales qui fournissent des informations sur l'utilisation actuelle des terres, les changements de la couverture végétale et les processus de désertification. Ces données guident les pratiques agricoles durables et préviennent la dégradation des sols.

5. Surveillance des ressources en eau :

- Les données géospatiales sont utilisées pour surveiller la répartition et la qualité des ressources en eau, notamment les rivières, les lacs et les aquifères. Ceci est crucial pour la gestion durable de l'eau, l'identification des zones sujettes à la pénurie et la mise en œuvre de pratiques de conservation.

6. Analyse des risques environnementaux :

- La cartographie géospatiale est essentielle pour analyser les risques environnementaux tels que les glissements de terrain, les incendies de forêt et les inondations. Ces informations permettent d'identifier les zones vulnérables et de mettre en œuvre des mesures préventives.

7. Aménagement du territoire :

- Les données géospatiales sont cruciales dans l'aménagement du territoire, car elles permettent d'identifier des zones adaptées au développement urbain, à l'agriculture et à la préservation. Cette approche vise à équilibrer les besoins humains avec la conservation des écosystèmes naturels.

Avantages de l'utilisation des données géospatiales dans la gestion des ressources naturelles :

1. Prise de décision éclairée :
   - Les données géospatiales fournissent une base solide pour une prise de décision éclairée, permettant aux gestionnaires des ressources naturelles de comprendre la complexité de l'environnement et de ses interactions.

2. Efficacité de la conservation :
   - La conservation des espaces naturels est optimisée grâce aux données géospatiales, permettant une allocation efficace des ressources aux zones les plus critiques en termes de biodiversité et d'écosystèmes.

3. Réponse rapide aux urgences environnementales :
   - Une surveillance continue grâce aux données géospatiales facilite une réponse rapide aux urgences environnementales, minimisant les dommages en cas de catastrophes naturelles.

4. Engagement communautaire :
   - Le partage de données géospatiales favorise l'engagement communautaire, permettant aux

communautés de participer activement à la gestion de leurs ressources naturelles locales.

5. Évaluation de l'impact environnemental :
   - Les projets et les activités humaines qui ont un impact sur l'environnement peuvent être évalués avec précision à l'aide de données géospatiales, contribuant ainsi à atténuer les impacts négatifs.

L'application des données géospatiales à la gestion des ressources naturelles est essentielle pour promouvoir la durabilité, la conservation de la biodiversité et l'utilisation efficace des ressources. Cette approche fondée sur des données probantes contribue de manière significative à équilibrer les besoins humains et à préserver les écosystèmes.

10.3. Transport et logistique

L'impact transformateur des données géospatiales sur le secteur du transport et de la logistique

Le secteur du transport et de la logistique connaît une révolution portée par les données géospatiales, offrant une approche plus intelligente et plus efficace de la gestion des opérations. Ces informations, liées aux itinéraires, au trafic et à la localisation, ont un impact significatif sur toutes les étapes de la chaîne logistique, de la planification à la livraison finale. Voici quelques aspects clés de l'impact des données géospatiales sur ce secteur crucial :

1. Routage et planification d'itinéraire :
   - Les données géospatiales permettent d'optimiser l'itinéraire des véhicules, en tenant compte de variables telles que la distance, le temps de trajet, les conditions de circulation et même des informations spécifiques à l'emplacement telles que les restrictions de taille et de poids.

deux. Optimisation de la chaîne d'approvisionnement :
   - La vue détaillée des données géospatiales permet l'optimisation de la chaîne d'approvisionnement, de l'origine à la destination finale. Cela comprend une sélection efficace des fournisseurs, des centres de distribution stratégiquement situés et des modes de transport optimaux.

3. Surveillance des actifs en temps réel :
   - Les systèmes de suivi basés sur des données géospatiales permettent un suivi en temps réel des véhicules, des marchandises et des actifs tout au long de la chaîne logistique. Cela améliore la visibilité et la réactivité face aux événements imprévus.

4. Gestion efficace de la flotte :
   - Les données géospatiales sont fondamentales pour une gestion efficace de la flotte. Ils permettent une planification précise de la maintenance, une surveillance

des performances des véhicules et une optimisation des itinéraires afin de minimiser les coûts d'exploitation.

5. Demande et prévisions de stocks :
   - L'analyse des données géospatiales permet une meilleure compréhension de la demande dans les différentes régions, permettant d'anticiper les pics saisonniers et d'adapter les stocks pour répondre aux besoins spécifiques de chaque localisation.

6. Gestion du trafic urbain :
   - Les données en temps réel sur le trafic et l'état des routes sont cruciales pour une gestion efficace des transports dans les zones urbaines. Cela inclut l'identification d'itinéraires alternatifs en cas de congestion.

7. Planification du dernier kilomètre :
   - L'optimisation du dernier kilomètre, la phase finale de la livraison client, est renforcée par les données géospatiales. Cela comprend le choix de points de livraison stratégiques et la planification efficace des véhicules afin de minimiser les temps d'attente.

8. Analyse de l'efficacité opérationnelle :
   - Les données géospatiales permettent une analyse complète de l'efficacité opérationnelle. Cela inclut l'évaluation des temps de transit, des goulots d'étranglement dans la chaîne d'approvisionnement et l'identification des opportunités d'amélioration.

Avantages tangibles de l'utilisation des données géospatiales dans l'industrie :

1. Réduction des coûts d'exploitation :
   - Un itinéraire efficace, une gestion optimisée de la flotte et une prévision de la demande contribuent à réduire les coûts opérationnels.

2. Efficacité accrue :
   - L'utilisation intelligente des données géospatiales permet des opérations plus efficaces, du stockage à la livraison finale.

3. Amélioration de l'expérience client :
   - La livraison à temps, les informations en temps réel et la capacité de s'adapter aux préférences des clients améliorent considérablement l'expérience client.

4. Durabilité :
   - L'optimisation des itinéraires et la gestion efficace des actifs contribuent à des pratiques plus durables, réduisant ainsi les émissions de carbone.

5. Réponse rapide aux changements :
   - Les données en temps réel permettent de réagir rapidement aux événements inattendus, minimisant ainsi les perturbations de la chaîne d'approvisionnement.

L'intégration de données géospatiales dans le secteur du transport et de la logistique représente un changement de paradigme, favorisant l'efficacité, la durabilité et la réactivité dans un marché mondialisé et dynamique. Il s'agit d'un exemple clair de la façon dont la technologie peut transformer fondamentalement les industries traditionnelles, apportant des avantages tangibles aux entreprises et aux consommateurs.

10.4. Urbanisme et urbanisme

Le rôle transformateur des données géospatiales dans l'urbanisme et l'urbanisme

Les données géospatiales jouent un rôle fondamental dans l'urbanisme et la planification urbaine, fournissant des informations précieuses sur la géographie et la dynamique des villes. Ces données facilitent non seulement la compréhension de l'environnement urbain, mais jouent également un rôle crucial dans le développement durable des villes. Voici quelques impacts des données géospatiales sur l'urbanisme :

1. Cartographie et analyse de l'utilisation des terres :
   - Les données géospatiales permettent une cartographie précise de l'utilisation des sols urbains. Cela comprend l'identification des zones résidentielles, commerciales, industrielles et vertes. L'analyse de l'utilisation des terres aide les urbanistes à comprendre

les caractéristiques et les besoins spécifiques de chaque région.

deux. Planification des infrastructures :

- La localisation des infrastructures critiques telles que les routes, les ponts, les écoles, les hôpitaux et les parcs est améliorée grâce à l'analyse des données géospatiales. Ces informations sont essentielles pour planifier de nouvelles infrastructures et entretenir efficacement celles existantes.

3. Densité de population et démographie :

- Les données géospatiales aident à cartographier la densité de population et les caractéristiques démographiques des différentes zones urbaines. Ces informations sont cruciales pour comprendre la répartition de la population et planifier les services et les ressources de manière équitable.

4. Évaluation des risques et résilience urbaine :

- L'identification des zones à risque, telles que les zones susceptibles d'être inondées, sismiques ou autres catastrophes naturelles, est améliorée par l'analyse géospatiale. Cela contribue à planifier des mesures d'atténuation des risques et à accroître la résilience urbaine.

5. Transports et mobilité urbaine :

- L'analyse des données géospatiales est cruciale pour la planification des systèmes de transports publics, des stratégies de stationnement, des pistes cyclables et des sentiers pédestres. Cela contribue à une mobilité urbaine plus efficace et durable.

6. Zones vertes et espaces publics :

- Les données géospatiales aident à identifier les zones appropriées pour les parcs, places et autres espaces verts. Ces espaces sont essentiels au bien-être de la communauté et à la promotion d'une qualité de vie élevée.

7. Évaluation de l'impact environnemental :

- L'analyse géospatiale est utilisée pour évaluer l'impact environnemental des projets urbains. Cela comprend l'identification des zones sensibles, la préservation des écosystèmes urbains et la promotion de pratiques de construction durables.

Avantages tangibles de l'utilisation des données géospatiales dans la planification urbaine :

1. Développement durable :

- L'utilisation efficace des données géospatiales contribue au développement durable, en permettant aux urbanistes de prendre en compte les besoins présents sans compromettre les besoins futurs.

2. Efficacité dans la prise de décision :

- Les données géospatiales offrent une vue complète de l'environnement urbain, permettant aux décideurs de faire des choix éclairés pour optimiser l'espace et les ressources.

3. Inclusion sociale :

- L'analyse de la répartition de la population et des besoins spécifiques de chaque zone contribue à une planification inclusive, garantissant que tous les segments de la société bénéficient des ressources urbaines.

4. Résilience urbaine :

- L'identification des risques et la mise en œuvre de mesures de résilience basées sur des données géospatiales permettent aux villes de mieux se préparer à faire face aux défis environnementaux et sociaux.

5. Amélioration de la qualité de vie :

- L'urbanisme basé sur les données géospatiales vise à améliorer la qualité de vie, en créant des environnements urbains plus verts, plus accessibles et adaptés aux besoins de la communauté.

Les données géospatiales sont un outil précieux en matière de planification urbaine, permettant aux planificateurs de créer des villes plus efficaces, plus durables et plus vivables. L'intégration de ces données dans les décisions urbaines optimise non seulement l'utilisation de l'espace, mais contribue également au développement de communautés plus équitables et résilientes.

10.5. Surveillance de la santé et de l'environnement

La transformation de la surveillance de la santé et de l'environnement grâce aux données géospatiales

Les données géospatiales jouent un rôle essentiel dans la promotion de la santé publique et de la surveillance de l'environnement, en fournissant des informations cruciales sur l'interaction complexe entre l'environnement et la santé humaine. Voici comment ces données sont appliquées de manière innovante dans ces domaines :

1. Cartographie des types de maladies :
   - Les données géospatiales sont utilisées pour cartographier les schémas de maladies, identifiant les zones où la prévalence de certains problèmes de santé est plus élevée. Cela contribue à une allocation efficace des ressources et à la planification d'interventions spécifiques.

deux. Surveillance épidémiologique :
   - La surveillance épidémiologique bénéficie énormément des données géospatiales. L'identification des épidémies, le suivi des cas et la compréhension de la propagation géographique des maladies infectieuses sont améliorés par les analyses spatiales.

3. Surveillance de la qualité de l'air :

- Des capteurs géospatiaux surveillent la qualité de l'air à des endroits spécifiques, fournissant des informations sur les niveaux de polluants. Ces données sont cruciales pour évaluer l'impact de la pollution atmosphérique sur la santé respiratoire et pour élaborer des stratégies d'atténuation.

4. Identification des facteurs de risque environnementaux :

- Les données géospatiales permettent d'identifier les facteurs de risque environnementaux, comme l'exposition à des substances toxiques ou la proximité de sources de pollution. Ceci est essentiel pour prévenir les maladies liées à l'environnement.

5. Planification des établissements de santé :

- L'analyse géospatiale est fondamentale pour la planification stratégique des établissements de santé. Cela implique d'identifier les zones mal desservies, de dimensionner correctement les hôpitaux et les cliniques et d'allouer efficacement les ressources.

6. Réponse aux catastrophes et aux urgences de santé publique :

- Dans les situations de catastrophes naturelles ou d'urgences de santé publique, les données géospatiales facilitent une réponse rapide et coordonnée. Ils aident à identifier les zones touchées et à distribuer efficacement les ressources.

7. Surveillance des vecteurs de maladies :

- La localisation des vecteurs de maladies, tels que les moustiques transmettant les maladies tropicales, est surveillée à l'aide de données géospatiales. Ceci est essentiel à la mise en œuvre de stratégies efficaces de contrôle des maladies.

8. Évaluation des déterminants sociaux de la santé :

- L'analyse géospatiale contribue à l'évaluation des déterminants sociaux de la santé, tels que l'accès à une alimentation saine, les conditions de logement et les niveaux socio-économiques. Ces facteurs ont un impact direct sur la santé de la population.

Avantages concrets de l'application des données géospatiales à la surveillance de la santé et de l'environnement :

1. Interventions précises :

- La cartographie des caractéristiques des maladies permet des interventions plus précises, en dirigeant les ressources vers les zones qui en ont le plus besoin.

2. Prévention des maladies environnementales :

- L'identification des facteurs de risque environnementaux contribue à la prévention des maladies liées à l'environnement.

3. Prise de décision éclairée :

- Les professionnels de la santé peuvent prendre des décisions plus éclairées basées sur des données géospatiales, améliorant ainsi l'efficacité des interventions.

4. Réponse rapide aux épidémies :
   - La surveillance épidémiologique en temps réel facilite une réponse rapide aux épidémies, limitant ainsi leur propagation.

5. Planification stratégique de la santé publique :
   - L'analyse géospatiale contribue à la planification stratégique des services de santé, y compris l'emplacement optimal des installations médicales.

6. Surveillance durable :
   - La surveillance durable de l'environnement, y compris la qualité de l'air, favorise des communautés plus saines et plus résilientes.

   L'application des données géospatiales à la surveillance de la santé et de l'environnement améliore non seulement la compréhension des liens complexes entre l'environnement et la santé, mais permet également aux communautés de prendre des mesures proactives pour améliorer la qualité de vie et prévenir les maladies. Cette approche innovante façonne l'avenir de la santé publique et de la surveillance environnementale.

Chapitre 11 : Maintenance et mise à jour des données géospatiales

11.1. Cycle de vie des données géospatiales

Cycle de vie des données géospatiales : maintenir la précision au fil du temps

Le cycle de vie des données géospatiales comprend plusieurs phases, depuis la collecte initiale jusqu'à l'éventuelle obsolescence des données. Comprendre et gérer ce cycle est crucial pour garantir que les données restent exactes, pertinentes et fiables au fil du temps. Explorons les principales phases de ce cycle :

1. Collecte de données :
   - Description : La première phase consiste à collecter des données géospatiales. Cela peut inclure des informations obtenues via des satellites, des capteurs au sol, des enquêtes sur le terrain ou d'autres sources.
   - Importance : L'exactitude et la qualité des données de cette phase influencent directement la fiabilité de toutes les phases ultérieures.

deux. Traitement et stockage :

- Description : Les données collectées sont traitées pour éliminer les erreurs, standardiser les formats, puis stockées dans des systèmes de bases de données géospatiales.

- Importance : Un traitement approprié et un stockage efficace garantissent que les données sont prêtes pour une analyse et une récupération ultérieures.

3. Analyse et visualisation :

- Description : Dans cette phase, les données géospatiales sont analysées pour extraire des informations significatives. Cela peut impliquer la création de cartes, l'identification de modèles ou des analyses complexes.

- Importance : L'analyse et la visualisation fournissent des informations précieuses pour la prise de décision et la compréhension de l'environnement géographique.

4. Partage et distribution :

- Description : Les données analysées sont partagées en interne ou en externe, souvent via des plateformes en ligne, des API ou des services de géotraitement.

- Importance : un partage efficace est vital pour la collaboration, la recherche et une large utilisation des données.

5. Mise à jour et maintenance :

- Description : Les données géospatiales sont susceptibles de changer au fil du temps en raison de changements environnementaux, urbains ou autres.

Des mises à jour régulières sont nécessaires pour garantir une précision continue.

- Importance : Garder les données à jour est essentiel pour éviter l'obsolescence et fournir des informations pertinentes.

6. Archivage et conservation :

- Description : à mesure que les données vieillissent ou sont remplacées par des informations plus récentes, elles peuvent être archivées à des fins de référence historique. Une bonne préservation garantit un accès futur.

- Importance : Certaines données peuvent avoir une valeur historique ou être nécessaires au respect de la réglementation, justifiant leur conservation.

7. Obsolescence et élimination éthique :

- Description : À terme, les données peuvent devenir obsolètes en raison de changements importants dans l'environnement, de méthodes de collecte obsolètes ou pour d'autres raisons. Dans ces cas, une élimination éthique est nécessaire.

- Importance : Éviter l'utilisation de données obsolètes est essentiel pour une prise de décision éclairée et la prévention des erreurs.

Considérations générales:
- Normes et métadonnées :

- L'application de normes et l'utilisation appropriée des métadonnées tout au long du cycle de vie des données géospatiales contribuent à l'interopérabilité, à la compréhension et à la traçabilité.

- Sécurité et confidentialité :
- Des considérations strictes en matière de sécurité et de confidentialité doivent être appliquées à toutes les étapes, garantissant la protection des données sensibles et le respect de la réglementation.

- Contrôle continu:
- Un système de surveillance continue permet d'identifier les changements susceptibles d'affecter la qualité des données, permettant des ajustements proactifs.

- Éducation et sensibilisation :
- L'équipe impliquée dans la gestion des données géospatiales doit être sensibilisée à l'importance du cycle de vie des données pour garantir de bonnes pratiques à toutes les étapes.

En comprenant et en suivant correctement le cycle de vie des données géospatiales, les organisations et les chercheurs peuvent garantir que leurs données restent pertinentes, fiables et utiles au fil du temps, contribuant ainsi à une analyse précise et à des décisions éclairées.

11.2. Collecte et mise à jour des données

Collecte et mise à jour de données géospatiales : garantir l'exactitude et la pertinence

La collecte et la mise à jour des données géospatiales sont des processus fondamentaux pour maintenir l'intégrité et la pertinence des informations sur le monde géographique. Ces processus impliquent différentes méthodes, depuis l'acquisition de nouvelles données jusqu'à la maintenance des informations existantes. Voici une explication de ces phases critiques :

Collecte de données géospatiales :

1. Télédétection :
   - *Description :* Utilisation de satellites, de drones ou d'avions équipés de capteurs pour capturer des informations sur la surface de la Terre. Cette approche est cruciale pour obtenir des images haute résolution et des données sur la couverture terrestre.

2. Recherche sur le terrain :
   - *Description :* Déplacement physique vers des endroits spécifiques pour collecter des données directement. Cela peut inclure des mesures topographiques, un échantillonnage du sol, l'identification des ressources naturelles et d'autres données obtenues sur place.

3. Capteurs terrestres :

   - *Description :* Des capteurs installés à des endroits stratégiques, tels que des stations météorologiques ou des capteurs urbains, collectent des données en temps réel sur des conditions spécifiques, telles que la température, l'humidité et la qualité de l'air.

4. Externalisation participative :

   - *Description :* Obtention de données à partir de contributions volontaires d'une communauté en ligne. Les applications et plateformes permettent aux utilisateurs d'envoyer des informations géoréférencées, telles que des photos ou des observations, enrichissant ainsi des ensembles de données.

Mise à jour des données géospatiales :

1. Surveillance continue :

   - *Description :* Utilisation de systèmes de surveillance en temps réel pour capturer les changements dynamiques de l'environnement. Cela inclut les changements urbains, les conditions météorologiques et d'autres variables qui nécessitent des mises à jour fréquentes.

2. Images satellites périodiques :

   - *Description :* L'acquisition de nouvelles images satellite à intervalles réguliers pour identifier les changements dans la couverture terrestre, permettant des mises à jour précises des cartes et des modèles.

3. Capteurs IoT (Internet des objets) :

- *Description :* La mise en œuvre de capteurs connectés à Internet, tels que des capteurs de trafic, des capteurs environnementaux et des appareils urbains intelligents, qui transmettent des données en temps réel, facilitant une mise à jour constante.

4. Intégration avec les polices dynamiques :

- *Description :* Mise en place d'intégrations automatiques avec des sources de données dynamiques, telles que des bases de données gouvernementales, des flux de médias sociaux ou d'autres services en ligne fournissant des informations à jour.

5. Commentaires de la communauté :

- *Description :* Engagement communautaire actif dans la mise à jour des informations géospatiales. Les utilisateurs peuvent signaler des modifications ou des corrections via des plateformes interactives.

Technologies courantes :

1. SIG (Systèmes d'Information Géographique) :

- Les outils SIG sont largement utilisés pour la manipulation, l'analyse et la visualisation de données géospatiales, y compris les processus de mise à jour.

2. Apprentissage automatique et intelligence artificielle :

- Les algorithmes d'apprentissage automatique peuvent être utilisés pour analyser de grands ensembles de données géospatiales et identifier des modèles, aidant ainsi à détecter automatiquement les changements.

3. Plateformes de télédétection :
- Les plates-formes spécialisées de télédétection offrent des capacités avancées de collecte et d'analyse de données provenant de satellites, de drones et d'autres sources.

4. Applications mobiles :
- Les applications mobiles facilitent la collecte de données sur le terrain et permettent une mise à jour instantanée des informations géoréférencées.

La collecte et la mise à jour efficaces des données géospatiales sont essentielles pour garantir que les informations utilisées dans des applications telles que les cartes, l'analyse urbaine et la prise de décision reflètent la réalité de l'environnement géographique. Avec l'évolution des technologies, l'intégration de méthodes traditionnelles et innovantes est essentielle pour maintenir des données précises et à jour.

11.3. Qualité et cohérence des données

Qualité et cohérence des données géospatiales : la base d'une prise de décision précise

La qualité et la cohérence des données géospatiales jouent un rôle crucial dans l'utilité et la fiabilité de ces informations. Garantir que les données sont exactes, complètes et cohérentes est essentiel pour une analyse, une prise de décision et des applications pratiques efficaces. Explorons les principaux concepts liés à ces deux caractéristiques essentielles des données :

Précision:

1. Définition :
   - La précision fait référence à la proximité entre les informations représentées dans les données géospatiales et la réalité du terrain.

2. Maintenance et mise à jour :
   - La précision est fortement influencée par les processus de collecte et de mise à jour des données. Les informations obtenues par télédétection, enquêtes sur le terrain et autres sources doivent être régulièrement examinées et ajustées pour refléter les changements dans l'environnement.

3. Intégration technologique :
   - L'incorporation de technologies avancées, telles que les systèmes de positionnement global (GPS) de haute

précision et la télédétection à haute résolution, contribue à obtenir des données plus précises dès la phase de collecte initiale.

4. Validation croisée :

- La vérification par comparaison avec des sources fiables, telles que des cartes officielles ou des données de référence, est une pratique importante pour valider l'exactitude des données géospatiales.

Intégrité:

1. Définition :

- L'intégrité des données consiste à garantir que les informations sont complètes, sans omissions ni corruptions.

2. Méthodes de mise à jour :

- Des mises à jour régulières et des méthodes efficaces pour combler les lacunes sont essentielles au maintien de l'intégrité des données géospatiales. Cela inclut l'intégration de nouvelles informations et la correction des données obsolètes.

3. Contrôle qualité :

- La mise en œuvre de contrôles de qualité lors des processus de collecte et de mise à jour est essentielle. Cela implique de détecter et de corriger de manière proactive les erreurs, les incohérences et les omissions.

La cohérence:

1. Définition :
   - La cohérence fait référence à l'uniformité et à la cohérence des données géospatiales, garantissant que les informations sont alignées en interne et avec d'autres sources.

2. Standardisation des données :
   - L'adoption de normes en matière de représentation et de stockage des données contribue de manière significative à la cohérence. Cela inclut l'utilisation de systèmes de coordonnées standardisés, d'unités de mesure cohérentes et d'une nomenclature uniforme.

3. Mise à jour synchronisée :
   - Il est essentiel de garantir que toutes les sources de données géospatiales sont mises à jour de manière synchrone pour éviter les divergences et les incohérences entre les différents ensembles de données.

Assurer la qualité et la cohérence :

1. Surveillance continue :

- La mise en place de systèmes de surveillance continue permet l'identification rapide des problèmes de qualité et l'application de corrections immédiates.

2. Métadonnées détaillées :

- L'inclusion de métadonnées détaillées décrivant l'origine, la méthode de collecte et toute transformation appliquée aux données facilite la compréhension et l'évaluation de leur qualité.

3. Formation et sensibilisation :

- La formation de l'équipe impliquée dans la gestion des données géospatiales est cruciale. Une compréhension claire des pratiques de maintenance et de l'importance de la qualité contribue à la cohérence des données.

La qualité et la cohérence des données géospatiales constituent les fondements fondamentaux d'une analyse et d'une prise de décision efficaces. La mise en œuvre de pratiques robustes de maintenance, de mise à jour et de contrôle qualité est essentielle pour garantir que ces données restent une source fiable d'informations sur le monde géographique.

11.4. Outils d'entretien

Outils de maintenance des données géospatiales : garantir l'intégrité et l'exactitude

La maintenance efficace des données géospatiales implique l'utilisation d'outils spécialisés pour la mise à jour, le contrôle de la qualité et la correction des erreurs dans les ensembles de données. Divers logiciels et technologies ont été développés pour optimiser ces processus, garantissant l'intégrité et l'exactitude des informations géographiques. Ci-dessous, certains outils courants utilisés pour la maintenance des données géospatiales sont mis en évidence :

1. SIG (Systèmes d'Information Géographique) :
   - Description : les outils SIG, tels qu'ArcGIS, QGIS et GRASS GIS, sont essentiels à la maintenance des données géospatiales. Ils offrent des fonctionnalités avancées d'édition, de mise à jour et de contrôle qualité des données. Des fonctionnalités telles que la topologie, la validation de terrain et les outils d'édition simplifient le processus.

2. FME (moteur de manipulation de fonctionnalités) :
   - Description : FME de Safe Software est une plateforme puissante pour transformer et intégrer des données géospatiales. Il permet d'automatiser les flux de travail, facilitant ainsi la mise à jour des données et la correction des incohérences. Sa capacité à prendre en

charge plusieurs formats le rend précieux pour intégrer différents ensembles de données.

3. PostgreSQL avec extension PostGIS :
   - Description : PostgreSQL, un système de gestion de bases de données relationnelles, lorsqu'il est combiné à l'extension spatiale PostGIS, fournit un environnement robuste pour le stockage, la gestion et la mise à jour des données géospatiales. PostGIS fournit des fonctionnalités spatiales avancées telles que l'indexation spatiale et les opérations de géométrie.

4. GDAL (Bibliothèque d'abstraction de données géospatiales) :
   - Description : GDAL est une bibliothèque qui fournit un ensemble d'outils pour lire et écrire des données géospatiales dans différents formats. Il peut être utilisé conjointement avec d'autres outils pour la conversion de format, la projection de données et la manipulation raster et vectorielle.

5. OpenStreetMap (OSM) :
   - Description : La communauté OpenStreetMap et ses outils associés offrent une plateforme collaborative de collecte et de mise à jour de données géospatiales. L'édition collaborative via l'éditeur iD et JOSM permet aux utilisateurs de contribuer à l'amélioration continue de la carte mondiale.

6. GéoTools :

- Description : GeoTools est une bibliothèque Java qui fournit des outils de traitement et de manipulation des données géospatiales. Il est utilisé dans plusieurs applications Java pour effectuer des opérations spatiales, telles que la conversion de format, l'analyse spatiale et l'édition de géométrie.

7. SiteRecon de Quantum Spatial :
- Description : SiteRecon est un outil spécialisé dans l'évaluation et la mise à jour des données géospatiales liées aux services publics, tels que les réseaux d'eau et d'égouts. Il offre des capacités avancées de détection des erreurs et d'optimisation des données à grande échelle.

8. ERDAS IMAGINE :
- Description : ERDAS IMAGINE est une solution complète de traitement de données images et raster. Il est largement utilisé dans la maintenance des données liées à la télédétection, permettant la mise à jour des images et des mosaïques avec des outils avancés.

9. Examinateur de données Esri :
- Description : Esri Data Reviewer est une extension ArcGIS qui fournit des outils spécialisés pour le contrôle de la qualité et l'examen des données géospatiales. Il permet la définition de règles et de contrôles automatiques pour garantir la qualité des données.

Ces outils jouent un rôle essentiel dans la maintenance des données géospatiales, en assurant

- Mettre en œuvre des technologies de surveillance continue pour identifier rapidement les changements, les erreurs ou les incohérences dans les données. Cela permet d'apporter des correctifs proactifs avant que les problèmes n'aient un impact négatif sur la qualité des données.

7. Facilitez les mises à jour collaboratives :
- Promouvoir une approche collaborative de mise à jour des données, notamment sur les plateformes de cartographie collaborative. Permettez aux utilisateurs de contribuer aux informations locales, de signaler les modifications et de participer à la validation des données.

8. Organiser des formations et des sensibilisations :
- Assurer une formation régulière à l'équipe responsable de la gestion des données. Assurez-vous qu'ils connaissent les meilleures pratiques en matière de mise à jour, les dernières technologies et les modifications apportées aux politiques ou normes pertinentes.

9. Planifier les changements dans l'environnement :
- Anticiper et planifier les changements de l'environnement géographique. Cela peut inclure des événements météorologiques extrêmes, des modifications des infrastructures urbaines ou tout autre changement affectant l'exactitude des données.

10. Conservez un historique des mises à jour :

- Conserver un historique de toutes les mises à jour apportées aux données géospatiales. Ceci est crucial pour suivre les changements, évaluer la qualité au fil du temps et répondre aux exigences d'audit.

En intégrant ces meilleures pratiques, les organisations peuvent garantir que leurs données géospatiales sont fiables, précises et continuellement pertinentes, répondant ainsi aux besoins des utilisateurs et des applications dans un environnement dynamique.

Chapitre 12 : Tendances et avenir des bases de données géospatiales

12.1. Les technologies émergentes

Technologies émergentes dans les bases de données géospatiales : innovations et impacts

Le domaine des bases de données géospatiales est en constante évolution, stimulé par les avancées technologiques qui élargissent les capacités de collecte, de stockage et d'analyse des données géographiques. Certaines des technologies émergentes qui façonnent considérablement le domaine comprennent :

1. Blockchain pour l'authenticité et la traçabilité :
   - Description : La technologie Blockchain, connue pour sa sécurité et son immuabilité, est explorée pour garantir l'authenticité et la traçabilité des données géospatiales. Cela est particulièrement pertinent dans des secteurs tels que les chaînes d'approvisionnement et la gestion d'actifs, où la fiabilité des données est cruciale.

deux. Internet des objets (IoT) pour la capture en temps réel :
   - Description : l'intégration d'appareils IoT fournit une source de données géospatiales en temps réel. Les capteurs installés dans les véhicules, les bâtiments et

même les appareils personnels génèrent des données qui peuvent être intégrées dans des bases de données géospatiales, offrant ainsi une vue dynamique et actualisée de l'environnement.

3. Apprentissage automatique et intelligence artificielle :
    - Description : Les techniques d'apprentissage automatique (ML) et d'intelligence artificielle (IA) sont appliquées à l'analyse des données géospatiales afin d'extraire des modèles complexes et des informations précieuses. Cela améliore la capacité à prédire les changements, à détecter les anomalies et à optimiser les processus basés sur la localisation.

4. Le cloud computing pour l'évolutivité :
    - Description : Le cloud computing a révolutionné la capacité de stocker et de traiter des données géospatiales. Des plateformes telles qu'AWS, Azure et Google Cloud offrent des services spécifiques aux données spatiales, permettant une évolutivité à la demande et facilitant la collaboration mondiale.

5. Réalité augmentée (AR) et réalité virtuelle (VR) :
    - Description : AR et VR sont utilisés pour visualiser les données géospatiales de manière plus immersive. Ceci est particulièrement utile dans la planification urbaine, la conception d'infrastructures et la formation, car il permet une compréhension plus intuitive de l'environnement basée sur des données géospatiales.

6. Edge Computing pour le traitement en temps réel :

- Description : Edge Computing rapproche le traitement des données de la source de génération, réduisant ainsi la latence. Ceci est particulièrement avantageux pour les applications qui nécessitent des réponses en temps réel, telles que la navigation automobile et la surveillance environnementale.

7. Drones et véhicules autonomes :
- Description : La collecte de données géospatiales via des drones et des véhicules autonomes est de plus en plus courante. Ces technologies offrent la possibilité de cartographier de vastes zones rapidement et avec précision, et sont applicables dans des secteurs tels que l'agriculture, la surveillance environnementale et les infrastructures.

8. Systèmes d'information géographique (SIG) 3D :
- Description : L'évolution des SIG vers l'inclusion de représentations tridimensionnelles permet une compréhension plus complète de l'environnement. Ceci est vital dans des secteurs tels que l'architecture, l'ingénierie et l'urbanisme, où la hauteur et la topographie sont des facteurs critiques.

Ces technologies émergentes élargissent non seulement les capacités des bases de données géospatiales, mais transforment également la façon dont nous interagissons avec les informations géographiques et en tirons parti. À mesure que ces innovations continuent de se développer, elles devraient fournir des solutions plus efficaces et des informations plus approfondies pour une variété d'applications.

12.2. Intelligence artificielle et apprentissage automatique

Intelligence artificielle (IA) et apprentissage automatique (ML) dans les bases de données géospatiales : transformer les données en informations

L'intégration de l'intelligence artificielle et de l'apprentissage automatique dans les bases de données géospatiales représente une révolution dans la façon dont nous interprétons et utilisons les données géographiques. Ces technologies permettent aux systèmes d'apprendre des modèles complexes, d'effectuer des analyses prédictives et d'optimiser les processus liés à la localisation. Ci-dessous, nous soulignons comment l'IA et le ML influencent positivement les bases de données géospatiales :

1. Analyse prédictive :
   - Description : les systèmes d'IA et de ML sont capables d'analyser de grands ensembles de données géospatiales pour identifier des modèles et des tendances. Cela vous permet de créer des modèles prédictifs pour prédire des événements futurs, tels que les conditions météorologiques, les mouvements de circulation ou les changements environnementaux.

Exemple pratique : un système d'analyse prédictive utilisant des données géospatiales peut prédire les modèles de congestion du trafic dans les zones urbaines en fonction d'événements passés, des conditions météorologiques et d'événements spéciaux.

deux. Détection d'une anomalie:
    - Description : les algorithmes de ML peuvent être entraînés pour identifier les anomalies dans les données géospatiales. Ceci est utile pour détecter des comportements inhabituels, tels qu'une activité suspecte dans certaines régions, des changements environnementaux soudains ou des pannes d'infrastructures critiques.

Exemple pratique : Un système de détection d'anomalies peut identifier des schémas de mouvement atypiques de véhicules dans une zone, indiquant d'éventuelles activités inhabituelles.

3. Optimisation des itinéraires et de la navigation :
    - Description : les algorithmes ML peuvent analyser les données géospatiales en temps réel pour optimiser les itinéraires de navigation. Cela conduit à une navigation plus efficace, en tenant compte de variables telles que le trafic, les conditions météorologiques et des événements spécifiques.

Exemple pratique : une application de navigation qui utilise l'apprentissage automatique peut suggérer des itinéraires alternatifs en temps réel sur la base d'informations sur les embouteillages et les accidents récents.

4. Classification des images et reconnaissance de formes :
   - Description : Les techniques de vision par ordinateur, un sous-domaine de l'IA, sont utilisées pour classer et reconnaître des modèles dans les images géospatiales. Ceci est utile pour identifier des caractéristiques géographiques telles que les types de couverture terrestre ou les changements de paysage.

Exemple pratique : à l'aide d'images satellite, un système d'IA peut classer automatiquement les zones urbaines, les forêts et les plans d'eau, fournissant ainsi des informations détaillées sur l'utilisation des terres.

5. Personnalisation des recommandations basées sur la localisation :
   - Description : les systèmes de recommandation basés sur l'IA peuvent proposer des suggestions personnalisées en fonction de l'emplacement de l'utilisateur. Ceci est applicable dans des secteurs tels que le commerce, le tourisme et le divertissement.

Exemple pratique : une application de recommandation peut suggérer des restaurants, des magasins ou des événements culturels en fonction des préférences historiques et de l'emplacement actuel de l'utilisateur.

L'application de l'intelligence artificielle et de l'apprentissage automatique aux bases de données géospatiales améliore non seulement l'efficacité opérationnelle, mais ouvre également de nouvelles possibilités de compréhension et d'interaction avec le monde qui nous entoure. Ces technologies stimulent l'évolution des systèmes d'information géographique, permettant des analyses plus avancées et des informations plus précises.

12.3. Réalité augmentée et réalité virtuelle

Intégration de la réalité augmentée et virtuelle dans les bases de données géospatiales : une vision futuriste

L'intégration de la réalité augmentée (AR) et de la réalité virtuelle (VR) avec les bases de données géospatiales marque une avancée significative dans la façon dont nous interagissons avec et visualisons les données géographiques. Ces technologies améliorent non seulement la présentation des informations, mais offrent également des expériences plus immersives et interactives. Explorons comment la RA et la VR s'entremêlent avec les bases de données géospatiales :

1. Réalité augmentée :
- Description : AR combine des éléments virtuels avec l'environnement réel, fournissant une superposition d'informations géospatiales sur le monde réel. Des appareils tels que les smartphones et les lunettes AR

permettent aux utilisateurs de visualiser des données contextualisées en temps réel tout en interagissant avec l'environnement.

Comment cela améliore l'expérience géospatiale :
- La RA permet de superposer en temps réel des données géographiques, telles que des informations sur des points d'intérêt ou des couches cartographiques, sur l'environnement physique. Par exemple, en pointant un smartphone vers un bâtiment, des informations sur son historique ou son utilisation actuelle peuvent être affichées.

deux. Réalité virtuelle:
- Description : La VR crée des environnements entièrement virtuels, immersifs et indépendants du monde réel. À l'aide d'appareils tels que des lunettes VR, les utilisateurs sont transportés dans des environnements simulés, offrant une expérience visuelle et interactive riche en détails.

Comment cela améliore l'expérience géospatiale :
- Les environnements virtuels créés par VR peuvent représenter des zones géographiques de manière détaillée et tridimensionnelle. Ceci est précieux pour les simulations urbaines, la planification des infrastructures et la formation dans des contextes géographiques spécifiques.

3. Applications pratiques :
- Exploration de l'Environnement :

- Grâce à la RA, les utilisateurs peuvent explorer des zones géographiques avec des informations contextuelles en temps réel, telles que des détails historiques ou des avis sur les services locaux.

- Aménagement urbain:
- La VR peut être utilisée pour créer des simulations interactives de projets urbains, permettant aux parties prenantes de visualiser et d'évaluer les propositions de manière plus réaliste.

- Éducation géographique :
- Les deux technologies sont précieuses pour l'enseignement de la géographie, offrant aux étudiants des expériences pratiques et visuelles pour comprendre des concepts géographiques complexes.

4. Défis et opportunités :
- Défis:
- Problèmes liés à l'exactitude lors de la superposition d'informations dans AR.
- Besoin de matériel spécialisé pour des expériences VR immersives.

- Opportunités:
- Amélioration de la compréhension et de l'interprétation des données géospatiales.
- Applications innovantes dans des secteurs tels que le tourisme, l'éducation et l'urbanisme.

L'intégration de la RA et de la VR avec les bases de données géospatiales représente une nouvelle frontière dans la visualisation et l'interaction avec les données géographiques. Ces technologies ont le potentiel de transformer la façon dont nous percevons et utilisons les informations spatiales, en offrant des expériences plus immersives adaptées aux exigences d'un monde de plus en plus numérique et interconnecté.

12.4. Analyses prédictives

Analyse prédictive dans les bases de données géospatiales : anticiper les tendances pour une prise de décision éclairée

L'analyse prédictive, une forme avancée d'analyse de données, est de plus en plus intégrée aux bases de données géospatiales, fournissant ainsi un aperçu plus approfondi et plus proactif du comportement géographique. Cette approche utilise des algorithmes de prédiction pour anticiper les modèles et les tendances des données spatiales, offrant ainsi des informations précieuses pour diverses applications. Explorons comment l'analyse prédictive transforme la gestion des données géospatiales :

1. Modélisation de modèles spatiaux :
   - Description : les algorithmes d'apprentissage automatique sont entraînés avec des données

géospatiales historiques pour identifier les modèles et les relations spatiaux. Ces modèles sont ensuite utilisés pour prédire les comportements futurs sur la base de nouvelles données.

Exemple pratique :
    - Les modèles prédictifs peuvent identifier les schémas de mouvement de population dans les zones urbaines, permettant d'anticiper les demandes de services publics, de transports et d'urbanisme.

deux. Prévision des événements climatiques et des catastrophes naturelles :
    - Description : Des algorithmes analysent les données météorologiques, géographiques et historiques pour prédire les événements météorologiques extrêmes, tels que les tempêtes ou les inondations, permettant des actions préventives.

Exemple pratique :
    - L'analyse prédictive peut anticiper les zones sujettes aux glissements de terrain sur la base de données topographiques, des précipitations historiques et des conditions du sol.

3. Optimisation des itinéraires et du trafic :
    - Description : des algorithmes prédisent les modèles de trafic sur la base de données historiques et en temps

réel, optimisant les itinéraires pour réduire les embouteillages et améliorer l'efficacité des transports.

Exemple pratique :

- Les systèmes de navigation prédictive peuvent suggérer des itinéraires alternatifs en fonction des conditions actuelles et des prévisions de trafic.

4. Urbanisme et demande d'espace :
- Description : Les modèles prédictifs aident à la planification urbaine en prédisant la demande d'espace dans différentes zones de la ville, en tenant compte de facteurs tels que la croissance démographique et le développement économique.

Exemple pratique :

- Les prévisions de croissance démographique sont utilisées pour planifier l'expansion des infrastructures urbaines, telles que les écoles, les parcs et les réseaux de transport.

5. Identifier les tendances dans les données commerciales :
- Description : Les entreprises utilisent l'analyse prédictive des données géospatiales pour identifier les tendances du marché, optimiser les chaînes d'approvisionnement et prendre des décisions stratégiques.

Exemple pratique :

- Les détaillants peuvent prédire la demande de produits dans différentes régions sur la base des données de ventes historiques et des caractéristiques démographiques.

L'analyse prédictive dans les bases de données géospatiales fournit non seulement une vue plus globale de l'environnement géographique, mais permet également aux décideurs d'agir de manière proactive. En anticipant les tendances et les événements, les organisations peuvent se préparer plus efficacement, atténuer les risques et réagir rapidement aux changements du paysage géospatial, ce qui permet de prendre des décisions plus éclairées et plus efficaces.

12.5. Défis futurs

Défis futurs des bases de données géospatiales : naviguer dans les horizons de la complexité

Alors que nous nous dirigeons vers un avenir axé sur l'innovation technologique, les bases de données géospatiales seront confrontées à des défis importants qui exigeront des solutions intelligentes et adaptables. Explorons certains de ces défis émergents qui façonneront le paysage des bases de données géospatiales dans les années à venir :

1. Gestion des données volumineuses :

- Défi : La croissance exponentielle de la génération de données géospatiales, provenant de capteurs à distance, d'appareils mobiles et d'autres sources, représente un défi pour la capacité de stocker, traiter et récupérer efficacement ces données.

- Solution potentielle : développement continu de techniques de stockage distribué, d'algorithmes de traitement et de compression de données à grande échelle pour gérer de gros volumes sans compromettre l'efficacité.

deux. Interopérabilité entre différents systèmes :

- Défi : La diversité des systèmes de bases de données géospatiales et des normes de données rend l'interopérabilité difficile, entravant la capacité de partager efficacement des informations entre différentes plates-formes.

- Solution potentielle : Adoption de normes ouvertes et de protocoles interopérables, en plus du développement d'interfaces permettant une communication sans friction entre différents systèmes.

3. Considérations éthiques et confidentialité :

- Défi : L'utilisation intensive des données géospatiales soulève des préoccupations éthiques liées à la vie privée, à la sécurité et à une éventuelle surveillance excessive des individus.

- Solution potentielle : mise en œuvre stricte des politiques de confidentialité, anonymisation des données sensibles et transparence dans la collecte et l'utilisation des informations géospatiales.

4. Adaptation aux technologies émergentes :
- Défi : L'évolution rapide des technologies telles que l'intelligence artificielle, la réalité augmentée et la réalité virtuelle nécessite que les bases de données géospatiales s'adaptent pour soutenir ces innovations.

- Solution potentielle : investissement continu dans la recherche et le développement pour intégrer efficacement les nouvelles technologies dans les systèmes existants, en garantissant leur compatibilité et leur synergie.

5. Changement climatique et résilience géospatiale :
- Défi : L'augmentation du changement climatique nécessite une approche géospatiale pour comprendre et atténuer les impacts. La résilience des données géospatiales face à ces changements est cruciale.

- Solution potentielle : développement de modèles prédictifs avancés pour évaluer et anticiper les impacts climatiques, ainsi que des investissements dans des stratégies de sauvegarde et de redondance pour garantir la résilience des données.

Relever ces défis nécessitera une collaboration étroite entre les communautés universitaires, le secteur privé et les gouvernements. L'innovation continue, combinée à une approche éthique et centrée sur l'utilisateur, sera essentielle pour garantir que les bases de données géospatiales continuent de jouer un rôle essentiel dans la compréhension et la gestion de notre monde en évolution.

Chapitre 13 : Études de cas 1

13.1. Cas 1 : Implémentation d'un système de gestion de données géospatiales dans un hôtel de ville

Étude de cas : Implémentation d'un système de gestion de données géospatiales dans un hôtel de ville

1. Contexte :
Une mairie de taille moyenne, confrontée à des défis croissants en termes d'urbanisation, de gestion des infrastructures et de fourniture de services publics, a décidé d'adopter un système de gestion de données géospatiales (SGDG) pour optimiser ses opérations. La ville a connu une croissance démographique rapide et, par conséquent, une demande accrue de services publics efficaces. La nécessité de prendre des décisions éclairées, notamment en matière de planification urbaine, de gestion des déchets et de projets de mobilité urbaine, a été identifiée comme une priorité.

2. Objectifs :
Les principaux objectifs de ce projet étaient :
- Centralisation des données : Consolidez les données géospatiales dispersées dans différents services municipaux dans un système centralisé, éliminant ainsi les silos d'informations.
- Amélioration de la prise de décision : doter la mairie d'outils permettant l'analyse spatiale pour une prise de décision plus éclairée sur les questions urbaines.

- Efficacité opérationnelle : Augmenter l'efficacité opérationnelle dans des domaines tels que la gestion des déchets, l'urbanisme et l'entretien des infrastructures.
- Services publics améliorés : améliorer la prestation des services publics, notamment en optimisant les itinéraires de collecte des déchets, la planification des transports publics et les interventions d'urgence.

3. Mise en œuvre :
La mise en œuvre du SGDG s'est réalisée en plusieurs étapes :
- Évaluation des besoins : réaliser une analyse détaillée des besoins spécifiques de chaque département, en identifiant les ensembles de données géospatiales pertinentes pour leurs opérations.
- Développement de l'infrastructure : mettre en œuvre l'infrastructure SGDG, notamment en choisissant et en configurant une base de données spatiale, en définissant les normes de données et en l'intégrant aux systèmes existants.
- Acquisition de données : Collectez des données géospatiales provenant de diverses sources, telles que des capteurs urbains, des levés topographiques et des informations provenant des services publics.
- Intégration avec les systèmes existants : Assurer une intégration fluide du SGDG avec les systèmes d'information existants de la mairie pour éviter les interruptions opérationnelles.
- Formation et renforcement des capacités : Offrir une formation aux employés municipaux sur l'utilisation de

SGDG, en veillant à ce que l'équipe soit en mesure d'explorer efficacement les fonctionnalités du système.

4. Avantages attendus :
- Prise de décision éclairée : SGDG a permis à la mairie de prendre des décisions plus éclairées en fournissant une vue spatiale complète des opérations urbaines.
- Efficacité opérationnelle améliorée : l'optimisation des itinéraires pour des services tels que la collecte des déchets a conduit à une réduction des coûts opérationnels et à une utilisation plus efficace des ressources municipales.
- Gestion des infrastructures : La capacité de surveiller et de gérer les infrastructures urbaines, telles que les routes et les réseaux d'eau, a été améliorée, permettant la mise en œuvre d'actions de maintenance proactives.
- Services publics améliorés : La population a connu des améliorations tangibles de la qualité des services publics, telles qu'une collecte plus efficace des déchets et une meilleure gestion du trafic.

Cette étude de cas met en évidence comment la mise en œuvre d'un SGDG peut être un catalyseur de transformation positive au sein d'une mairie, lui permettant de faire face aux défis urbains de manière plus efficace, efficiente et durable.

13.2. Défis et solutions

Défis et solutions dans la mise en œuvre du système de gestion des données géospatiales à l'hôtel de ville

La mise en œuvre d'un système de gestion de données géospatiales (SGDG) dans une mairie présente des défis spécifiques qui nécessitent des approches prudentes et des solutions innovantes. Au cours du processus de mise en œuvre dans la mairie en question, certains défis cruciaux ont été identifiés et des stratégies spécifiques ont été adoptées pour les surmonter :

1. Diversité des sources de données :
Défi : L'intégration de données provenant de différentes sources, telles que des capteurs urbains, des levés topographiques et des systèmes de mairie existants, s'est avérée complexe en raison de l'hétérogénéité de ces sources.
Solution : Mise en œuvre d'outils d'intégration de données robustes pouvant gérer différents formats et normes. Adoption de protocoles de normalisation pour assurer la cohérence des données.

deux. Résistance au changement:
Défi : L'introduction d'un SGDG a représenté un changement important dans les pratiques de travail traditionnelles, rencontrant la résistance de certains salariés.
Solution : Développement de programmes de formation personnalisés pour différents départements, mettant l'accent sur les avantages pratiques de SGDG.

233

L'inclusion de l'équipe dès les premières phases du projet a également contribué à atténuer les résistances.

3. Intégration avec les systèmes existants :
Défi : Assurer une intégration fluide avec les systèmes d'information existants de la mairie, en évitant les interruptions opérationnelles.
Solution : Développement d'interfaces d'intégration personnalisées, utilisant des standards d'interopérabilité reconnus. La mise en œuvre a été réalisée par étapes, permettant des tests continus et des ajustements si nécessaire.

4. Collecte et mise à jour continues des données :
Défi : Maintenir les données géospatiales à jour dans un environnement dynamique, où les changements urbains et les événements imprévus sont fréquents.
Solution : Mise en place d'un système automatisé de collecte de données en temps réel, intégrant des capteurs et des sources dynamiques. Établir des protocoles de mise à jour régulière pour garantir une exactitude continue.

5. Garantie de sécurité des données :
Défi : Protégez les données géospatiales sensibles contre les cybermenaces et assurez le respect des réglementations en matière de confidentialité.
Solution : Mise en œuvre de protocoles de cybersécurité avancés, notamment un cryptage robuste et un contrôle d'accès granulaire. Des audits réguliers

ont été menés pour garantir le respect des normes de sécurité.

6. Adaptation aux changements urbains :
Défi : L'évolution rapide du paysage urbain a nécessité une adaptation constante du SGDG pour refléter les changements.
Solution : Mise en œuvre d'un système flexible qui pourrait être facilement mis à jour pour intégrer les changements dans les infrastructures urbaines. Surveillance continue du paysage urbain à l'aide de capteurs et de mises à jour régulières des bases de données.

Ces défis et solutions lors de la mise en œuvre du SGDG à l'hôtel de ville soulignent l'importance d'une approche flexible, d'un engagement proactif des parties prenantes et de l'application de technologies avancées pour assurer le succès continu du système. L'apprentissage continu et l'adaptation sont essentiels dans un environnement urbain dynamique.

13.3. Les résultats obtenus

Résultats obtenus avec la mise en œuvre du système de gestion des données géospatiales

La mise en œuvre réussie du système de gestion des données géospatiales (SGDG) à la mairie a entraîné une série d'avantages tangibles, transformant fondamentalement la manière dont l'administration gère les données géospatiales. Les résultats obtenus comprennent :

1. Amélioration de l'efficacité opérationnelle :

Avant la mise en œuvre du SGDG, les processus liés à la gestion des données géospatiales étaient souvent chronophages et sujets à des erreurs en raison de la diversité des sources et des systèmes. Avec l'introduction de SGDG, il y a eu une amélioration notable de l'efficacité opérationnelle. L'automatisation des tâches de routine, la standardisation des données et l'intégration fluide entre les différents systèmes ont permis des gains significatifs en termes de temps et de ressources.

deux. Prise de décision plus éclairée :

L'accès facile et rapide à des données géospatiales précises est devenu une réalité après la mise en œuvre du SGDG. Les décideurs disposent désormais d'informations à jour et d'une vision claire du paysage urbain, permettant une analyse plus approfondie et plus éclairée. Cela a abouti à des décisions plus éclairées dans toute une série de domaines, de la planification urbaine à la gestion des urgences.

3. Optimisation des ressources et planification stratégique :

La capacité de visualiser et d'analyser les données géospatiales en temps réel a permis à la ville d'optimiser ses ressources plus efficacement. Par exemple, dans la planification des itinéraires de collecte des déchets, l'optimisation basée sur les données géospatiales a conduit à une réduction des coûts opérationnels et du temps passé. En outre, le SGDG a facilité le développement de stratégies à long terme pour une croissance urbaine durable.

4. Réponse plus efficace aux situations d'urgence :

La capacité de cartographier rapidement les zones touchées par des événements tels que des inondations, des incendies ou d'autres catastrophes naturelles s'est avérée cruciale. Le SGDG a permis une réponse plus efficace aux situations d'urgence, en facilitant l'évacuation coordonnée, l'allocation des ressources de secours et l'atténuation des dégâts.

5. Collaboration améliorée entre les départements :

L'intégration du SGDG avec différents services de la mairie a favorisé une collaboration plus étroite et une compréhension partagée des données géospatiales. Cela a réduit les silos d'informations et favorisé une approche plus holistique de la planification et de l'exécution des projets urbains.

6. Réduction des coûts à long terme :

Même si l'investissement initial dans la mise en œuvre du SGDG est important, les résultats obtenus montrent une réduction substantielle des coûts à long terme. L'efficacité opérationnelle, l'optimisation des ressources et la prise de décision éclairée ont contribué à des économies considérables dans divers aspects de l'administration urbaine.

Ces résultats démontrent l'impact positif qu'un système de gestion de données géospatiales peut avoir sur l'administration publique, soulignant son rôle crucial dans la transformation numérique des villes pour une gestion plus efficace et durable.

13.4. Leçons apprises

Leçons tirées de la mise en œuvre du système de gestion des données géospatiales (SGDG)

La mise en œuvre du SGDG a fourni une série d'enseignements précieux couvrant à la fois les aspects techniques et organisationnels. Ces leçons offrent des informations précieuses pour guider de futures implémentations similaires :

1. Implication et compréhension des parties prenantes :
L'un des facteurs essentiels de succès était la participation efficace et la compréhension des parties

prenantes. L'inclusion de représentants de tous les services impliqués dès les phases initiales a permis une compréhension plus approfondie des besoins spécifiques de chaque secteur, aboutissant à une solution plus adaptée aux demandes réelles de la mairie.

deux. La normalisation des données est fondamentale :

La standardisation des données s'est avérée essentielle pour garantir la cohérence et l'interopérabilité entre les différents systèmes. La définition de normes claires pour la collecte, le stockage et le formatage des données géospatiales a simplifié l'intégration de sources hétérogènes et facilité l'utilisation de ces données par plusieurs départements.

3. Formation continue requise :

La complexité du SGDG a nécessité un effort de formation important des salariés. La mise en œuvre de programmes de formation continue, couvrant à la fois les aspects techniques et les processus opérationnels, était cruciale pour garantir que l'équipe soit formée et à l'aise avec le nouvel outil.

4. Adaptation aux changements organisationnels :

La mise en place d'un SGDG implique souvent des changements organisationnels. La résistance au changement peut être surmontée grâce à une communication efficace, à l'implication des employés dès le début et à une démonstration continue des avantages que la nouvelle solution apporte aux opérations quotidiennes.

5. La sécurité des données est une priorité :

La sécurité des données géospatiales était une priorité dès le début. La mise en œuvre de politiques de sécurité robustes, notamment le contrôle d'accès, l'audit et le cryptage, était essentielle pour protéger les informations sensibles et garantir le respect des réglementations en matière de confidentialité.

6. L'évolutivité est importante pour l'avenir :

Lors de la conception de SGDG, la prise en compte de l'évolutivité était essentielle. Le système doit être capable de gérer une augmentation substantielle des données et des demandes à mesure que la ville se développe. Le choix de technologies et d'architectures facilement évolutives garantit que le système continue de répondre aux besoins futurs.

7. Surveillance continue et rétroaction :

La mise en œuvre du SGDG ne s'est pas arrêtée au lancement initial ; c'était un processus continu de surveillance et d'ajustements. Recueillir constamment les commentaires des utilisateurs, surveiller les performances du système et être prêt à les ajuster si nécessaire étaient des pratiques essentielles pour garantir une efficacité continue.

8. Partenariats stratégiques avec les fournisseurs :

Il est crucial de développer des partenariats stratégiques avec des fournisseurs de technologies. Maintenir un dialogue constant avec les fournisseurs, assurer des mises à jour régulières et un support technique continu, est essentiel pour faire face aux défis imprévus et tirer parti des innovations technologiques.

Ces enseignements tirés fournissent une base solide pour les futures mises en œuvre du SGDG, soulignant l'importance de la collaboration, de la flexibilité et d'une approche orientée utilisateur tout au long du processus.

13.5. Recommandations

Recommandations pour la mise en œuvre de systèmes de gestion de données géospatiales (SGDG)

Sur la base de l'étude de cas de la mise en œuvre réussie du SGDG dans un hôtel de ville, les recommandations suivantes sont proposées aux organisations qui envisagent ou envisagent de mettre en œuvre un système de gestion de données géospatiales :

1. Engagement proactif des parties prenantes :
Assurer la participation proactive des représentants de tous les secteurs impliqués dès le début du processus. L'implication continue des parties

prenantes permet de comprendre les besoins spécifiques de chaque département, garantissant ainsi une solution plus adaptée aux demandes réelles de l'organisation.

deux. Développement de normes de données :

Établissez des normes claires pour la collecte, le stockage et le formatage des données géospatiales. Cela facilite l'interopérabilité entre les différents systèmes et simplifie l'intégration de sources hétérogènes, garantissant ainsi la cohérence des données.

3. Investissement dans la formation continue :

Reconnaître l'importance de la formation continue du personnel. Proposer des programmes de formation complets qui abordent à la fois les aspects techniques et les processus opérationnels du SGDG. Ceci est essentiel pour garantir que l'équipe est compétente et à l'aise avec le nouvel outil.

4. Adaptation aux changements organisationnels :

Anticiper et gérer les changements organisationnels qui pourraient être déclenchés par la mise en œuvre du SGDG. La résistance au changement peut être atténuée grâce à une communication efficace, à l'engagement des employés et à une démonstration continue des avantages tangibles de la nouvelle solution.

5. Accent sur la sécurité des données :

Donnez dès le départ la priorité à la sécurité des données géospatiales. Mettez en œuvre des politiques de sécurité robustes, notamment le contrôle d'accès, l'audit et le cryptage, pour protéger les informations sensibles et garantir le respect des réglementations en matière de confidentialité.

6. Planification de l'évolutivité :

Considérez l'évolutivité comme un élément clé de la planification. Choisissez des technologies et des architectures qui peuvent facilement évoluer pour gérer une augmentation substantielle des données et des demandes à mesure que votre organisation se développe.

7. Surveillance continue et rétroaction :

Considérez la mise en œuvre du SGDG comme un processus continu. Recueillez constamment les commentaires des utilisateurs, surveillez les performances du système et soyez prêt à les ajuster si nécessaire. Une adaptation continue est essentielle pour garantir l'efficacité dans le temps.

8. Établissement de partenariats stratégiques :

Développer des partenariats stratégiques avec des fournisseurs de technologies. Maintenir un dialogue constant avec les fournisseurs, assurer des mises à jour régulières et un support technique continu sont essentiels pour faire face aux défis imprévus et profiter des innovations technologiques.

En suivant ces recommandations, les organisations seront mieux préparées à mettre en œuvre efficacement le SGDG, en tirant le meilleur parti des avantages que peut offrir une gestion efficace des données géospatiales.

Chapitre 14 : Études de cas 2

14.1. Cas 2 : Application des données géospatiales à l'agriculture de précision

Étude de cas : Application des données géospatiales à l'agriculture de précision

L'application des données géospatiales à l'agriculture de précision est illustrée par un projet innovant mis en œuvre sur une ferme à grande échelle. L'exploitation agricole, spécialisée dans la culture céréalière, a été confrontée à des défis liés à l'optimisation de l'utilisation des ressources, à l'augmentation de l'efficacité opérationnelle et à la réduction de l'impact environnemental. Face à ces défis, la ferme a décidé d'adopter une approche basée sur les données géospatiales pour améliorer ses pratiques agricoles.

Les principaux objectifs du projet étaient :

1. Optimisation de l'utilisation des intrants : utiliser des données géospatiales pour cartographier la variabilité du sol, permettant ainsi une application personnalisée d'engrais, de pesticides et d'irrigation.

2. Surveillance de la croissance des cultures : mettre en œuvre des systèmes de surveillance continue à l'aide de capteurs et d'images satellite pour évaluer la

croissance des cultures et identifier les zones nécessitant une intervention spécifique.

3. Réduire le gaspillage de ressources : minimiser le gaspillage de ressources, telles que l'eau et les intrants, grâce à une application précise et ciblée, entraînant des avantages économiques et environnementaux.

4. Productivité accrue : Utiliser les données géospatiales pour prendre des décisions éclairées qui entraîneraient une augmentation globale de la productivité agricole.

Intégration de la technologie géospatiale :
La technologie géospatiale a été intégrée de plusieurs manières cruciales :

1. Télédétection : Utilisation d'images satellite et de drones pour obtenir des données sur la santé des plantes, la couverture terrestre et la variabilité du terrain.

2. Collecte de données sur le terrain : Utilisation de dispositifs de collecte de données géospatiales sur le terrain, tels que les récepteurs GNSS sur les machines agricoles, pour enregistrer des informations en temps réel sur la variabilité des sols.

3. Systèmes d'information géographique (SIG) : Mise en œuvre de SIG pour l'analyse de données spatiales, permettant la création de cartes de la variabilité des

sols, des modèles de croissance des cultures et des zones d'intervention.

4. Algorithmes de traitement des données : développement et mise en œuvre d'algorithmes de traitement des données pour transformer les données brutes en informations exploitables, telles que des cartes d'application d'entrée.

Les résultats obtenus:
L'application des données géospatiales à l'agriculture de précision a entraîné plusieurs avantages importants :

1. Efficacité de l'utilisation des ressources : L'application personnalisée des intrants a conduit à une réduction substantielle de l'utilisation d'engrais et de pesticides, ce qui a entraîné des économies financières et un impact environnemental moindre.

2. Productivité accrue : une surveillance continue a permis des ajustements en temps réel, entraînant une amélioration de la productivité des cultures.

3. Prise de décision éclairée : Les agriculteurs ont commencé à prendre des décisions plus éclairées, basées sur des données précises sur l'état du sol et des cultures.

4. Durabilité environnementale : La réduction de l'utilisation d'intrants et des pratiques ciblées ont contribué à des pratiques agricoles plus durables.

Leçons apprises:
Au cours du projet, quelques enseignements précieux ont été tirés :

1. Besoins en formation : L'équipe agricole avait besoin d'une formation importante pour comprendre et tirer le meilleur parti des outils géospatiaux.

2. Intégration des données : L'intégration efficace de différentes sources de données telles que les données satellitaires et les données collectées sur le terrain était cruciale pour obtenir une vision globale.

3. Maintenance et mise à jour continues : La technologie géospatiale nécessite une maintenance et une mise à jour continues pour garantir une précision et une pertinence continues.

Sur la base de cette étude de cas, les futures mises en œuvre de l'agriculture de précision avec des données géospatiales peuvent bénéficier de l'intégration :

1. Technologies émergentes : Explorez de nouvelles technologies, telles que l'intelligence artificielle, pour une analyse avancée des données géospatiales.

2. Collaboration avec des experts : Les partenariats avec des experts géospatiaux peuvent encore améliorer l'efficacité de l'application des données en agriculture.

3. Évolutivité : Planifiez l'évolutivité, en particulier pour les exploitations agricoles qui envisagent d'étendre leurs opérations.

L'application des données géospatiales à l'agriculture de précision est un exemple convaincant de la manière dont la technologie peut transformer les secteurs traditionnels, en apportant efficacité, durabilité et prise de décision éclairée.

14.2. Description du projet

Description du projet : Application des données géospatiales à l'agriculture de précision

Le projet en question a été développé sur une ferme de taille moyenne qui cherchait à optimiser ses pratiques agricoles grâce à l'application de données géospatiales. L'exploitation agricole était confrontée à des défis liés à la variabilité des sols, à l'efficacité de l'utilisation des intrants et souhaitait augmenter la productivité de ses cultures. Face à ces défis, la décision a été prise de mettre en œuvre un système d'agriculture de précision basé sur des informations géospatiales.

Collecte de données :

La collecte de données était une phase cruciale du projet. Différentes sources ont été utilisées, notamment :

1. Imagerie satellite et drone : Pour obtenir un aperçu détaillé de la topographie, de la santé des plantes et d'autres caractéristiques physiques du champ.

2. Capteurs sur le terrain : Des dispositifs de collecte de données géospatiales, tels que les récepteurs GNSS sur les machines agricoles, ont été utilisés pour enregistrer des informations en temps réel pendant les opérations sur le terrain.

3. Données agricoles historiques : Les informations agricoles historiques telles que les enregistrements des récoltes précédentes et les modèles de croissance ont été intégrées à des fins d'analyse comparative.

Les outils utilisés:

Le projet a utilisé une variété d'outils spécialisés pour gérer les données géospatiales :

1. Systèmes d'information géographique (SIG) : des outils SIG ont été utilisés pour analyser et visualiser les

données spatiales, créant ainsi des cartes détaillées de la variabilité des sols.

2. Algorithmes de traitement d'images : des algorithmes ont été développés pour traiter les images satellite et celles des drones, extraire des informations pertinentes sur la santé des plantes et identifier les zones d'intérêt.

3. Plateformes de télédétection : plates-formes qui ont permis l'intégration facile de données provenant de différentes sources, facilitant ainsi une analyse plus complète.

Application des informations géospatiales :
Les informations géospatiales ont été appliquées dans plusieurs domaines de l'agriculture de précision :

1. Cartographie de la variabilité des sols : Grâce aux données provenant de capteurs et d'images satellite, la ferme a pu cartographier la variabilité des sols, identifiant les zones présentant des caractéristiques différentes.

2. Application personnalisée des intrants : sur la base de cartes de variabilité des sols, une application personnalisée des intrants, tels que les engrais et l'irrigation, a été mise en œuvre, optimisant ainsi l'utilisation de ces ressources.

3. Surveillance de la croissance des cultures : Une surveillance continue à l'aide de capteurs a permis

d'identifier les modèles de croissance des cultures, permettant des interventions spécifiques si nécessaire.

Les résultats du projet ont été significatifs, avec des avantages tangibles, tels que :

1. Réduction des coûts : L'application personnalisée des intrants a entraîné une réduction substantielle des coûts d'exploitation.

2. Productivité accrue : Une surveillance continue et une application ciblée ont contribué à une augmentation de la productivité des cultures.

3. Durabilité : L'optimisation de l'utilisation des ressources a eu des impacts positifs sur la durabilité environnementale de la ferme.

Leçons apprises et recommandations :
Le projet a mis en évidence l'importance d'une intégration efficace des données géospatiales et la nécessité de former l'équipe impliquée. Les recommandations incluent la mise à jour continue des données, l'exploration des technologies émergentes et la collaboration avec des experts géospatiaux pour améliorer encore les résultats.

14.3. Avantages de la technologie géospatiale

Avantages de la technologie géospatiale dans le projet d'agriculture de précision :

L'application de la technologie géospatiale dans ce projet spécifique d'agriculture de précision a apporté une série d'avantages substantiels, ayant un impact positif sur les processus et les résultats. Ces avantages couvrent plusieurs domaines, depuis l'optimisation de l'utilisation des intrants jusqu'à l'augmentation de l'efficacité opérationnelle et l'amélioration de la qualité des produits agricoles.

1. Précision dans l'application des intrants :
L'utilisation de données géospatiales a permis la création de cartes détaillées de la variabilité des sols, identifiant des zones présentant des caractéristiques distinctes. Cette précision dans la compréhension de la variabilité des sols a abouti à une application personnalisée d'intrants tels que les engrais et l'irrigation. La répartition ciblée de ces intrants en fonction des besoins spécifiques de chaque zone a contribué à une utilisation plus efficace, en réduisant les coûts et en minimisant les déchets.

deux. Optimisation de l'utilisation des ressources :
La collecte continue de données géospatiales, notamment des informations sur la croissance des

cultures et la variabilité des sols, a permis d'optimiser l'utilisation des ressources. Cela comprenait une gestion efficace de l'irrigation, garantissant que l'eau était appliquée uniquement là où cela était nécessaire et une adaptation dynamique de l'application d'engrais en fonction des conditions spécifiques du sol dans différentes parties du champ. L'optimisation qui en a résulté a conduit à une réduction significative du gaspillage des ressources, favorisant la durabilité et la responsabilité environnementale.

3. Augmentation de la productivité et de la qualité des produits agricoles :

L'application précise des intrants, combinée à un suivi continu de la croissance des cultures, a contribué à une augmentation substantielle de la productivité agricole. De plus, la qualité des produits agricoles a été améliorée, puisque les interventions ont été réalisées de manière spécifique et personnalisée. Cela a abouti à des récoltes plus saines et plus constantes, répondant à des normes de qualité plus élevées.

4. Prise de décision éclairée :

La capacité d'analyser les données géospatiales en temps réel a donné à l'équipe agricole une base solide pour prendre des décisions éclairées. L'analyse des cartes de variabilité des sols, des images satellite et des données de capteurs a permis aux agriculteurs d'identifier des tendances, d'anticiper les problèmes potentiels et d'ajuster leurs stratégies si nécessaire.

5. Efficacité opérationnelle améliorée :

La mise en œuvre de la technologie géospatiale a entraîné une amélioration globale de l'efficacité opérationnelle de la ferme. Les processus agricoles ont été optimisés, de la préparation du sol à la récolte, l'application des intrants et la gestion des ressources étant menées de manière plus intelligente et ciblée.

La technologie géospatiale a joué un rôle clé dans la transformation des pratiques agricoles, apportant des avantages significatifs en termes d'efficacité opérationnelle, d'optimisation des ressources et de qualité des produits agricoles. Ces avantages ont non seulement eu un impact positif sur les résultats économiques de la ferme, mais ont également contribué à une approche plus durable et responsable de la gestion agricole.

14.4. Impact sur l'agriculture

Impact direct de la technologie géospatiale sur l'agriculture :

L'introduction et l'application de la technologie géospatiale dans l'agriculture ont eu un impact profond et positif sur divers aspects des pratiques agricoles. Cette révolution technologique a apporté des avantages significatifs allant d'une prise de décision plus précise à une optimisation efficace des ressources et une amélioration globale des performances de la production agricole.

1. Prise de décision précise :

La technologie géospatiale offre aux agriculteurs une vue détaillée en temps réel des conditions des champs. L'analyse des données géospatiales, telles que les cartes de variabilité des sols, les images satellite et les données climatiques spécifiques à un emplacement, permet aux agriculteurs de prendre des décisions plus précises. Cela comprend la sélection de cultures adaptées à des zones spécifiques du champ, une planification précise de l'irrigation et une application personnalisée des intrants agricoles. Une prise de décision éclairée contribue de manière significative au succès de la récolte.

deux. Gestion efficace des ressources :

Grâce aux données géospatiales, les agriculteurs peuvent gérer leurs ressources plus efficacement. L'irrigation peut être ajustée en fonction des besoins spécifiques de chaque zone du champ, minimisant ainsi le gaspillage d'eau. L'application d'engrais et de pesticides peut être adaptée en fonction des caractéristiques du sol, ce qui permet une utilisation plus efficace de ces intrants. Une gestion efficace des ressources réduit non seulement les coûts, mais favorise également les pratiques agricoles durables.

3. Optimisation de la plantation et de la récolte :

Les données géospatiales sont cruciales pour optimiser la plantation et la récolte. Les agriculteurs peuvent planifier la répartition des cultures en fonction des conditions spécifiques de chaque partie du champ, en tenant compte de facteurs tels que la qualité du sol et l'exposition au soleil. Cela augmente non seulement l'efficacité de la récolte, mais contribue également à une répartition plus uniforme et plus efficace des récoltes.

4. Surveillance de la croissance des cultures :

La technologie géospatiale permet une surveillance continue de la croissance des cultures. L'imagerie par satellite et par drone peut capturer des données visuelles détaillées, tandis que les capteurs sur le terrain fournissent des informations en temps réel sur l'état des plantes. Cette surveillance précise permet une détection précoce des problèmes, tels que des parasites ou des maladies, permettant ainsi des actions correctives rapides et efficaces.

5. Précision dans la prévision des risques et des variabilités climatiques :

L'analyse des données géospatiales contribue également à une meilleure compréhension et prévision des risques et de la variabilité climatiques. Cela permet aux agriculteurs de se préparer aux événements météorologiques extrêmes, d'ajuster leurs pratiques agricoles si nécessaire et de minimiser les impacts négatifs sur les cultures.

L'impact direct de la technologie géospatiale sur l'agriculture est considérable. En fournissant aux agriculteurs des informations détaillées sur l'environnement de croissance, cette technologie redéfinit la façon dont les décisions sont prises, les ressources sont gérées et la production agricole est optimisée, contribuant ainsi à une agriculture plus durable et plus efficace.

14.5. Prochaines étapes

Prochaines étapes de l'application des données géospatiales à l'agriculture de précision :

Le projet visant à appliquer les données géospatiales à l'agriculture de précision a clairement démontré les avantages et les opportunités offerts par cette approche innovante. Pour aller plus loin et maximiser les résultats, les prochaines étapes devraient se concentrer sur les optimisations, les extensions et les intégrations stratégiques. Voici quelques considérations pour les prochaines étapes du projet :

1. Intégration de nouvelles sources de données :
L'exploration et l'intégration de nouvelles sources de données géospatiales peuvent enrichir davantage l'analyse et les décisions agricoles. Cela peut inclure l'utilisation de capteurs avancés, de

données météorologiques plus détaillées, d'images satellite à haute résolution et d'informations météorologiques spécifiques à une région. La diversification des sources de données peut fournir une compréhension plus complète des conditions sur le terrain.

deux. Mise en œuvre de technologies émergentes :
La mise en œuvre de technologies émergentes telles que l'intelligence artificielle (IA) et l'apprentissage automatique (ML) peut conduire à des analyses plus avancées et prédictives. Les algorithmes de ML peuvent être formés pour reconnaître des modèles complexes dans les données géospatiales, offrant ainsi des informations précieuses pour la prise de décision agricole.

3. Développement d'interfaces conviviales :
Investir dans le développement d'interfaces utilisateur plus intuitives et accessibles peut faciliter l'adoption continue de la technologie par les agriculteurs. Cela inclut la création de tableaux de bord faciles à utiliser, d'applications mobiles conviviales et de rapports personnalisés qui permettent aux utilisateurs d'accéder et d'interpréter efficacement les données géospatiales.

4. Surveillance à distance et automatisation :
L'exploration de solutions de surveillance et d'automatisation à distance peut augmenter l'efficacité opérationnelle. L'utilisation de drones pour le suivi

régulier des champs, les systèmes d'irrigation automatisés basés sur des données géospatiales et la mise en œuvre de pratiques agricoles autonomes sont des domaines qui peuvent être explorés pour optimiser davantage les processus.

5. Collaboration et partage de données :

Promouvoir la collaboration et le partage de données entre les agriculteurs, les chercheurs et les parties prenantes peut créer un réseau d'information solide. Cela peut aboutir à des perspectives collectives plus larges, à un partage de meilleures pratiques agricoles et à une communauté plus résiliente.

6. Évaluation de l'impact environnemental :

Envisager la mise en œuvre d'outils permettant d'évaluer l'impact environnemental des pratiques agricoles. Cela peut impliquer d'analyser l'utilisation durable de l'eau, de minimiser l'utilisation de produits chimiques et de promouvoir la biodiversité dans les zones de culture.

7. Éducation et formation continue :

Il est crucial d'investir dans des programmes éducatifs continus et dans la formation des utilisateurs finaux. Cela garantira que les agriculteurs sont à jour sur les dernières technologies et peuvent maximiser les avantages des données géospatiales dans leurs opérations quotidiennes.

En adoptant une approche stratégique de l'évolution du projet, en tenant compte de l'intégration de nouvelles technologies, en élargissant la source de données et en se concentrant sur la convivialité, il est possible de garantir que l'application des données géospatiales dans l'agriculture de précision continue d'évoluer de manière significative, offrant des avantages durables. pour les agriculteurs et le secteur dans son ensemble.

Chapitre 15 : Études de cas 3

15.1. Cas 3 : Utilisation des données géospatiales dans la gestion des ressources naturelles

Description du projet : Utilisation des données géospatiales dans la gestion des ressources naturelles

Le projet visant à utiliser les données géospatiales dans la gestion des ressources naturelles a été lancé en réponse au besoin croissant d'approches durables dans la gestion des écosystèmes et la préservation de la biodiversité. Le contexte impliquait une région géographique riche en ressources naturelles, mais également soumise aux défis environnementaux et au changement climatique.

Les principaux objectifs du projet comprenaient la mise en œuvre de pratiques efficaces de gestion des ressources naturelles, la surveillance des écosystèmes, l'évaluation des impacts environnementaux et la promotion de décisions fondées sur des données pour une durabilité à long terme. L'utilisation de données géospatiales était cruciale pour atteindre ces objectifs, fournissant une compréhension détaillée de la répartition géographique des ressources naturelles, des écosystèmes et des menaces environnementales.

Application de données géospatiales :

1. Cartographie des écosystèmes : Grâce aux données géospatiales provenant des satellites et de la télédétection, il a été possible de cartographier avec précision les différents écosystèmes de la région, notamment les forêts, les zones humides et les zones côtières. Cela a permis une compréhension détaillée de la répartition de la biodiversité.

2. Surveillance du changement climatique : Des données géospatiales ont été utilisées pour surveiller le changement climatique, y compris les variations de la couverture neigeuse, des régimes de précipitations et de la température. Ces informations étaient cruciales pour évaluer les impacts du changement climatique sur les écosystèmes locaux.

3. Gestion des ressources en eau : L'utilisation de données géospatiales a facilité la gestion efficace des ressources en eau. Cela comprenait la surveillance des niveaux d'eau des rivières et des lacs, l'identification des zones sujettes à la sécheresse et l'optimisation de l'utilisation de l'eau pour les activités agricoles.

4. Évaluation des risques environnementaux : L'analyse géospatiale a été appliquée pour identifier les zones de risque environnemental, telles que les glissements de terrain, les inondations et les incendies de forêt. Cela a permis la mise en œuvre de stratégies préventives et une réponse rapide aux événements météorologiques extrêmes.

5. Planification de la conservation : les données géospatiales ont joué un rôle fondamental dans l'élaboration de plans de conservation, identifiant les zones prioritaires pour la protection de la biodiversité, la création de réserves naturelles et la promotion de pratiques d'utilisation durable des terres.

Les résultats du projet ont été significatifs. L'application de données géospatiales a fourni une vision globale des ressources naturelles de la région, permettant une gestion plus éclairée et plus efficace. Avantages inclus :

- Prise de décision éclairée : les autorités et les gestionnaires ont été habilités à prendre des décisions éclairées basées sur des données géospatiales précises et en temps réel.

- Durabilité environnementale : les pratiques de gestion fondées sur les données ont contribué à la promotion de la durabilité environnementale, garantissant la préservation des écosystèmes vitaux.

- Intervention d'urgence : une surveillance continue a permis une réponse rapide aux événements météorologiques extrêmes et aux catastrophes naturelles, minimisant les dommages et protégeant les communautés locales.

- Efficacité dans l'allocation des ressources : L'allocation des ressources pour la conservation et la gestion des écosystèmes a été optimisée en fonction des besoins identifiés par les données géospatiales.

Leçons apprises:
    Le projet a souligné l'importance d'une approche intégrée, impliquant de multiples parties prenantes, notamment les communautés locales, les scientifiques et les autorités gouvernementales. En outre, il a souligné la nécessité d'investir dans le renforcement des capacités pour garantir que les parties prenantes puissent pleinement tirer parti des avantages des données géospatiales.

Prochaines étapes:
    Les prochaines étapes comprennent l'extension du projet pour couvrir des domaines supplémentaires, en intégrant les technologies émergentes.

15.2. Contexte du projet

Contexte du projet : Gestion des ressources naturelles avec des données géospatiales

    Le projet de gestion des ressources naturelles a été conçu en réponse au besoin critique de préserver et de gérer les ressources naturelles dans une région géographique spécifique. Le domaine d'intervention couvre un large éventail de domaines, notamment les écosystèmes terrestres, les zones aquatiques et les zones côtières. Cette région, riche en biodiversité et en ressources naturelles, est confrontée à des défis environnementaux qui nécessitent une approche prudente pour garantir sa durabilité à long terme.

Zone géographique couverte :

Le projet se concentre sur une zone géographique spécifique, englobant de vastes étendues de terre, des plans d'eau et des écosystèmes côtiers. La délimitation de la zone prend en compte non seulement les frontières politiques, mais également les caractéristiques naturelles et l'interconnexion des écosystèmes présents dans la région.

Types de ressources naturelles gérées :

Les ressources naturelles gérées englobent une variété d'éléments, notamment les forêts, les zones humides, les plans d'eau, la biodiversité et les zones côtières. Chacune de ces ressources joue un rôle crucial dans le maintien de l'équilibre écologique, la préservation de la faune, la fourniture de services écosystémiques et, dans de nombreux cas, la pérennité des communautés humaines locales.

Intégration des données géospatiales :

L'intégration des données géospatiales est l'épine dorsale du projet. À l'aide de technologies avancées de télédétection, de systèmes de positionnement global (GPS) et de modélisation géospatiale, le projet a cartographié en détail la répartition des ressources naturelles dans la région. Des images satellite ont été utilisées pour surveiller les changements dans la couverture végétale, identifier les modèles climatiques et évaluer la dynamique topographique.

En outre, l'utilisation de données géospatiales a permis d'élaborer des cartes détaillées des écosystèmes, identifiant les zones de biodiversité importante et les endroits vulnérables aux menaces environnementales. Ces données sont cruciales pour formuler des stratégies de gestion visant la conservation, l'utilisation durable et la restauration des écosystèmes.

La modélisation géospatiale a également joué un rôle essentiel dans l'analyse des risques, en évaluant les zones sujettes à des événements naturels défavorables tels que les inondations, les incendies de forêt et l'érosion côtière. Cela a fourni une base solide pour l'élaboration de stratégies d'atténuation et de réponse aux situations d'urgence.

L'intégration des données géospatiales fournit non seulement une compréhension approfondie de la géographie de la région, mais donne également aux décideurs, aux gestionnaires de l'environnement et aux communautés locales des informations précises pour guider la gestion durable des ressources naturelles.

15.3. Résultats environnementaux

Résultats environnementaux : apports de la gestion basée sur les données géospatiales

La mise en œuvre d'une approche de gestion basée sur les données géospatiales a révélé un certain nombre de résultats environnementaux importants, offrant des avantages tangibles pour la préservation, la surveillance et la mise en valeur des ressources naturelles de la région.

1. Préservation de la biodiversité :
Une analyse détaillée de la biodiversité grâce à des données géospatiales a permis d'identifier des zones critiques pour la préservation de la faune et de la flore locales. Ces informations ont guidé la création de zones de conservation, contribuant au maintien des écosystèmes et à la protection des espèces menacées.

deux. Surveillance des écosystèmes :
La capacité de surveiller les écosystèmes en temps réel à l'aide de données géospatiales a fourni une vision complète des changements environnementaux. Cela comprenait la détection précoce des changements dans la couverture végétale, l'identification des modèles climatiques et l'évaluation de la santé globale des écosystèmes, permettant une réponse rapide aux événements indésirables.

3. Utilisation durable des ressources en eau :

La gestion efficace des ressources en eau a été optimisée grâce à l'analyse géospatiale des masses d'eau. Cela impliquait d'identifier les zones critiques de recharge des aquifères, de cartographier les bassins versants et d'évaluer la qualité de l'eau. Ces informations ont soutenu les politiques visant à garantir l'utilisation durable des ressources en eau dans la région.

4. Réponse aux catastrophes naturelles :

La capacité de prévoir, cartographier et évaluer les zones à risque à l'aide de données géospatiales est cruciale pour répondre aux catastrophes naturelles. Cela comprenait l'identification des zones vulnérables aux inondations, aux glissements de terrain et aux incendies de forêt, permettant la mise en œuvre de mesures préventives et une mobilisation efficace en cas d'urgence.

5. Zonage écologique et économique :

La mise en œuvre d'un zonage éco-économique, basé sur des données géospatiales, a facilité une planification territoriale durable. Cette approche a pris en compte la répartition des ressources naturelles, les limitations environnementales et les activités économiques potentielles, visant un équilibre entre conservation et développement.

6. Participation communautaire :

La transparence apportée par la gestion basée sur les données géospatiales a également favorisé la participation communautaire. Les communautés locales ont reçu des informations accessibles et compréhensibles sur l'environnement qui les entoure, encourageant ainsi les pratiques durables et la protection des ressources naturelles partagées.

Les résultats environnementaux dérivés de l'intégration des données géospatiales démontrent que cette approche renforce non seulement la gestion de l'environnement, mais favorise également la durabilité, la résilience et l'harmonie entre les communautés humaines et les écosystèmes naturels.

15.4. Durabilité et conservation

Durabilité et conservation : le rôle des données géospatiales dans le projet de gestion des ressources naturelles

L'application des données géospatiales dans ce projet spécifique est intrinsèquement alignée sur les principes de durabilité et de conservation, jouant un rôle fondamental dans la préservation à long terme des ressources naturelles. La gestion basée sur l'information géographique propose une approche holistique, intégrant des données spatiales pour éclairer les décisions stratégiques et les pratiques de conservation. Voici quelques aspects clés de cette alliance :

1. Identification des zones critiques :

L'analyse des données géospatiales permet d'identifier avec précision les zones critiques pour la biodiversité et les écosystèmes. Ces zones, souvent sensibles aux perturbations humaines, sont cartographiées et mises en évidence, guidant la mise en œuvre des mesures de protection et minimisant les impacts négatifs.

deux. Surveillance active :

Les données géospatiales permettent une surveillance active et continue des changements environnementaux. Cela inclut la détection de la déforestation, du changement climatique et d'autres menaces à l'intégrité des ressources naturelles. La surveillance en temps réel est cruciale pour des réponses rapides et une mise en œuvre efficace des stratégies de conservation.

3. Utilisation durable des ressources en eau :

La gestion durable des ressources en eau est promue grâce à l'analyse des données géospatiales. Cartographier les bassins fluviaux, identifier les zones critiques et évaluer la qualité de l'eau sont des éléments essentiels. Cette approche contribue à assurer un équilibre entre la demande humaine et le maintien des écosystèmes aquatiques.

4. Aménagement territorial durable :

La mise en œuvre d'un zonage éco-économique, basé sur des données géospatiales, est un élément crucial pour une planification territoriale durable. Cela garantit que les activités économiques sont compatibles avec la conservation de l'environnement, en évitant les conflits et en garantissant une utilisation durable des terres.

5. Réponse aux catastrophes naturelles :

L'application des données géospatiales à l'analyse des risques et à la réponse aux catastrophes naturelles est vitale pour la durabilité. L'identification des zones vulnérables, les voies d'évacuation et l'allocation efficace des ressources dans les situations d'urgence contribuent à la résilience des communautés et des écosystèmes locaux.

6. Engagement communautaire :

La transparence et l'accessibilité offertes par les données géospatiales favorisent l'engagement communautaire. Les communautés locales reçoivent des informations sur l'importance des ressources naturelles, encourageant les pratiques d'utilisation durable et la protection active de l'environnement.

En alignant la gestion des ressources naturelles sur les principes de durabilité et de conservation, l'application de données géospatiales dans ce projet optimise non seulement l'efficacité des pratiques de conservation, mais établit également une base solide pour la préservation à long terme des précieuses ressources naturelles de la région.

15.5. Les défis de la gestion des ressources naturelles

Défis de la gestion des ressources naturelles et rôle des données géospatiales

La gestion des ressources naturelles est confrontée à une série de défis complexes, allant de la dégradation de l'environnement aux conflits liés à l'utilisation des terres. L'application des données géospatiales joue un rôle crucial pour surmonter ces défis en fournissant des informations détaillées basées sur la localisation. Voici quelques-uns des défis courants rencontrés dans la gestion des ressources naturelles et comment les données géospatiales ont contribué à les relever :

1. Dégradation ambiante :
Défi : La dégradation de l'environnement, notamment la déforestation et l'érosion des sols, menace la santé des écosystèmes.
Contribution des données géospatiales : L'analyse des images satellite fournit une vue continue et détaillée des changements d'utilisation des terres. Cela aide à identifier les zones critiques et à mettre en œuvre des stratégies de conservation.

deux. Conflits liés à l'utilisation des terres :
Défi : Les conflits entre différentes parties prenantes concernant l'utilisation des terres peuvent entraîner une exploitation non durable.
Contribution des données géospatiales : Une délimitation claire des frontières, appuyée par des données géospatiales, permet d'éviter les conflits territoriaux. Le zonage éco-économique basé sur la localisation contribue à une planification territoriale plus efficace.

3. Utilisation durable des ressources en eau :

Défi : L'utilisation non durable des ressources en eau peut entraîner une pénurie et une dégradation de la qualité de l'eau.
Contribution des données géospatiales : L'analyse des bassins fluviaux et la surveillance de la qualité de l'eau, à l'aide de données géospatiales, soutiennent la gestion durable des ressources en eau. Cela permet d'optimiser l'utilisation de l'eau et de protéger les écosystèmes aquatiques.

4. Risques de catastrophe naturelle :

Défi : Les zones sujettes aux catastrophes naturelles nécessitent une réponse efficace pour minimiser les dégâts.

Apport des données géospatiales : Des cartes de risques basées sur des données géospatiales permettent d'identifier les zones vulnérables. Cela facilite la planification de l'évacuation et l'allocation des ressources dans les situations d'urgence.

5. Engagement communautaire :
Défi : L'implication des communautés locales est essentielle pour des pratiques durables.
Contribution aux données géospatiales : Des cartes interactives et des visualisations basées sur la localisation aident à communiquer efficacement l'importance des ressources naturelles. L'engagement communautaire est renforcé lorsque les informations sont présentées de manière accessible.

Pour relever ces défis, l'application intelligente des données géospatiales permet non seulement de mieux comprendre les systèmes naturels, mais permet également aux gestionnaires de prendre des décisions éclairées et durables. L'approche géolocalisée contribue à une gestion plus efficace et équitable des ressources naturelles dans la zone en question.

Chapitre 16 : Études de cas 4

16.1. Cas 4 : Application des données géospatiales à la logistique et au transport

Cas 4 : Application des données géospatiales à la logistique et au transport

Contexte du projet :

La société XYZ, spécialisée dans la logistique et le transport, cherchait à améliorer ses opérations grâce à l'application stratégique des données géospatiales. Face à des défis tels que l'optimisation des itinéraires, la surveillance en temps réel et l'efficacité opérationnelle, l'entreprise a décidé d'intégrer les technologies géospatiales pour résoudre ces problèmes.

Objectifs:
1. Optimisation des itinéraires : utilisez les données géospatiales pour identifier les itinéraires les plus efficaces, en tenant compte de facteurs tels que le trafic, l'état des routes et les distances.

2. Surveillance en temps réel : mettre en œuvre un système de surveillance en temps réel pour suivre l'emplacement et l'état des véhicules en transit.

3. Réduction des coûts : identifier les opportunités de réduction des coûts opérationnels, en minimisant les distances parcourues, le temps de trajet et la consommation de carburant.

Intégration des données géospatiales :
- Cartes interactives : mise en œuvre de cartes interactives permettant de visualiser l'emplacement exact des véhicules, des entrepôts et des destinations en temps réel.

- Analyse d'itinéraire : utilisation d'algorithmes d'optimisation d'itinéraire basés sur des données géospatiales pour calculer les itinéraires les plus efficaces.

- Alertes trafic : intégration de données de trafic en temps réel pour ajuster les itinéraires et éviter les embouteillages.

Résultats:
1. Efficacité opérationnelle accrue : L'optimisation des itinéraires a conduit à une réduction significative des temps de trajet et de la consommation de carburant, ce qui a permis une exploitation plus efficace.

2. Une plus grande visibilité : la surveillance en temps réel a fourni une plus grande visibilité sur l'emplacement et l'état de chaque véhicule, permettant des réponses rapides aux événements inattendus.

3. Réduction des coûts : La mise en œuvre d'itinéraires optimisés et de capacités de surveillance a entraîné une réduction globale des coûts opérationnels.

Prochaines étapes:

1. Intégration avec les systèmes de commande : explorez l'intégration des données géospatiales avec les systèmes de commande pour améliorer la prévision de la demande et l'efficacité de l'exécution.

2. Durabilité : étudier les moyens d'utiliser les données géospatiales pour optimiser les itinéraires en mettant l'accent sur la réduction de l'empreinte carbone.

Cette étude de cas met en évidence comment l'application stratégique des données géospatiales peut transformer les opérations logistiques, entraînant une amélioration de l'efficacité opérationnelle et des impacts positifs sur les coûts.

16.2. Description du cas

Cas 4 : Application des données géospatiales à la logistique et au transport

Description du cas :

La société ABC, leader dans le secteur de la vente au détail, était confrontée à des défis importants dans sa chaîne d'approvisionnement, notamment en matière de logistique et de transport. Avec un vaste réseau de fournisseurs, d'entrepôts et de magasins, l'entreprise cherchait à améliorer l'efficacité opérationnelle et à réduire les coûts de ses opérations logistiques. Face à ces enjeux, il a été décidé de mettre en œuvre une solution basée sur des données géospatiales pour optimiser le transport et améliorer la gestion de la chaîne d'approvisionnement.

Défis logistiques :
1. Itinéraires inefficaces : les itinéraires utilisés pour transporter les marchandises n'étaient souvent pas les plus efficaces, ce qui entraînait des délais de livraison plus longs et des coûts supplémentaires.

2. Gestion de flotte : L'entreprise a été confrontée à des difficultés dans la gestion de sa flotte de véhicules, notamment un manque de visibilité en temps réel sur l'emplacement et l'état des véhicules.

3. Optimisation des stocks : La gestion des stocks dans les entrepôts et la synchronisation avec les demandes des magasins devaient être améliorées pour éviter les excédents ou les pénuries de produits.

Mise en œuvre des données géospatiales :
- Analyse d'itinéraire : utilisation d'algorithmes d'optimisation d'itinéraire basés sur des données géospatiales pour calculer les itinéraires les plus efficaces, en tenant compte de variables telles que le trafic, la distance et l'état de la route.

- Surveillance en temps réel : mise en œuvre d'un système de surveillance en temps réel permettant de suivre l'emplacement exact des véhicules et de recevoir des mises à jour sur leur statut.

- Intégration avec les systèmes de stock : Intégration de données géospatiales avec les systèmes de stock pour améliorer la synchronisation entre les entrepôts et les demandes des magasins.

Les résultats obtenus:
1. Réduction des coûts de transport : l'optimisation des itinéraires a entraîné une réduction significative des coûts de transport, minimisant ainsi le temps de transit et la consommation de carburant.

2. Plus grande efficacité dans la gestion de la flotte : la surveillance en temps réel a fourni une plus grande visibilité sur l'emplacement et les performances des véhicules, permettant une gestion de flotte plus efficace.

3. Optimisation des stocks : L'intégration des données géospatiales avec les systèmes d'inventaire a permis une meilleure synchronisation entre l'offre et la demande, évitant ainsi les excès et les pénuries de produits.

Ce cas montre comment l'application intelligente des données géospatiales dans la logistique peut surmonter les défis opérationnels, améliorer l'efficacité et générer des avantages tangibles pour la chaîne d'approvisionnement d'une entreprise.

16.3. Efficacité opérationnelle

Efficacité opérationnelle grâce à l'application des données géospatiales dans la logistique et le transport

L'efficacité opérationnelle est un élément essentiel au succès de toute entreprise, notamment dans la gestion de la logistique et des transports. Dans le cas de l'entreprise ABC, l'application des données géospatiales a joué un rôle fondamental dans la transformation et l'amélioration de l'efficacité opérationnelle sous plusieurs aspects.

1. Optimisation des itinéraires :
   - *Réduction des coûts :* L'analyse des données géospatiales a permis d'optimiser les itinéraires de transport, en tenant compte de facteurs dynamiques tels que le trafic, l'état des routes et la localisation précise des destinations. Cela a entraîné une réduction significative des coûts opérationnels associés au transport.

2. Surveillance en temps réel :
   - *Visibilité améliorée :* La mise en œuvre de systèmes de surveillance en temps réel, basés sur des données géospatiales, a fourni une visibilité sans précédent sur l'emplacement et l'état des véhicules. Cette visibilité améliorée a permis une prise de décision plus agile et plus efficace.

3. Gestion de flotte :

- *Efficacité de l'allocation :* La gestion basée sur les informations géographiques a facilité l'allocation efficace des véhicules pour répondre aux demandes spécifiques des itinéraires, des clients et des volumes de fret. Cela a permis une utilisation plus efficace de la flotte disponible.

4. Optimisation des stocks :

- *Synchronisation avec la demande :* L'intégration des données géospatiales avec les systèmes d'inventaire a permis une synchronisation plus précise entre les entrepôts et les demandes des magasins. Cela a permis d'éviter les stocks excédentaires et de garantir que les produits étaient disponibles quand et où ils étaient nécessaires.

5. Prise de décision basée sur la localisation :

- *Décisions éclairées :* La capacité de visualiser les données dans un contexte géographique a fourni une base solide pour la prise de décision. Cela impliquait de choisir les itinéraires les plus efficaces, d'allouer stratégiquement les ressources et d'optimiser les processus logistiques.

Résultat global :

L'efficacité opérationnelle obtenue grâce à l'application intelligente des données géospatiales a eu des impacts tangibles sur la réduction des coûts, une agilité accrue des opérations et une gestion plus stratégique et efficace de la chaîne d'approvisionnement. L'entreprise a connu des améliorations significatives dans sa capacité à répondre aux défis opérationnels, aboutissant à un environnement logistique plus agile et adaptable.

16.4. Réduction des coûts

Réduction des coûts de logistique et de transport grâce aux données géospatiales

L'intégration des données géospatiales dans le secteur de la logistique et des transports a eu un impact significatif sur la réduction des coûts, offrant ainsi une efficacité opérationnelle qui s'est traduite par des avantages économiques tangibles. Voici quelques aspects clés qui ont contribué à cette réduction des coûts :

1. Optimisation des itinéraires :
   - *Efficacité des déplacements :* L'analyse des données géospatiales a permis d'identifier les itinéraires les plus efficaces en termes de distance, de temps de trajet et de conditions de circulation. Cela a entraîné des économies directes sur les coûts de carburant et d'entretien des véhicules.

2. Prévention des retards :
   - *Anticipation des conditions défavorables :* Les données géospatiales en temps réel ont permis

l'identification proactive de conditions défavorables, telles que les embouteillages ou les travaux routiers. Cette capacité d'anticipation a permis d'itinéraires alternatifs et d'éviter les retards, optimisant ainsi l'efficacité opérationnelle.

3. Réduction des déchets :
    - *Gestion efficace des stocks :* L'utilisation de données géospatiales dans la gestion des stocks a assuré une distribution plus précise des produits. Cela a réduit le besoin de stockage excessif, minimisant les déchets associés aux stocks excédentaires et améliorant l'efficacité du déplacement des marchandises.

4. Allocation stratégique des ressources :
    - *Optimisation de la flotte :* Grâce aux données géospatiales, l'allocation des véhicules peut être optimisée en fonction de la demande, empêchant ainsi les véhicules de parcourir de longues distances sans charge. Cela a réduit les coûts d'exploitation et amélioré l'efficacité de l'utilisation de la flotte.

5. Maintenance prédictive :
    - *Réduction des coûts de maintenance :* Une analyse prédictive basée sur des données géospatiales a permis la mise en œuvre d'une maintenance préventive, identifiant les modèles d'usure sur certains itinéraires. Cela a permis de réduire les coûts associés aux réparations d'urgence et de prolonger la durée de vie utile des véhicules.

Impact economique:

La réduction des coûts découlant de l'application des données géospatiales a non seulement amélioré la rentabilité, mais a également contribué à une gestion financière plus solide. L'efficacité opérationnelle obtenue a fourni un avantage concurrentiel, permettant à l'entreprise d'offrir des services plus efficaces et plus rentables sur un marché de plus en plus difficile.

16.5. Innovations dans le secteur des transports

Innovations pilotées par les données géospatiales dans le secteur des transports

L'application des données géospatiales a été un catalyseur clé de nombreuses innovations dans le secteur des transports, transformant la façon dont les entreprises opèrent et fournissent des services. Voici quelques-unes des innovations les plus significatives :

1. Automatisation de la flotte :
   - *Suivi en temps réel :* L'automatisation de la flotte, pilotée par des données géospatiales, permet un suivi en temps réel des véhicules. Cela améliore non seulement la visibilité de la flotte, mais permet également de surveiller l'efficacité de chaque véhicule, d'éviter les retards et d'optimiser les itinéraires.

- *Gestion de la maintenance prédictive :* Les données géospatiales sont utilisées pour l'analyse prédictive, identifiant les modèles d'usure des composants du véhicule. Cela permet d'effectuer une maintenance préventive, réduisant les coûts et augmentant la disponibilité de la flotte.

2. Solutions de routage intelligentes :
- *Optimisation dynamique des itinéraires :* Des algorithmes avancés basés sur des données géospatiales permettent une optimisation dynamique des itinéraires. Cela conduit à une distribution plus efficace des marchandises, à un gain de temps et à une réduction des coûts opérationnels.

- *Considérations en temps réel :* La capacité d'intégrer des données en temps réel sur les conditions de circulation, la météo et les événements inattendus permet des adaptations rapides des itinéraires, améliorant ainsi l'efficacité et réduisant le risque de retards.

3. Logistique inversée efficace :
- *Suivi des retours :* L'application de données géospatiales dans la logistique inverse vous permet de suivre les retours et les déchets. Cela simplifie non seulement le processus de retour, mais facilite également la gestion durable des déchets.

4. Gestion de la livraison du dernier kilomètre :

- *Acheminement précis pour les livraisons résidentielles :* Les données géospatiales sont fondamentales dans la gestion efficace de la livraison du « dernier kilomètre ». Les technologies avancées prennent en compte les caractéristiques spécifiques des lieux de livraison, offrant ainsi une plus grande précision et efficacité dans ce processus critique.

5. Intelligence du marché et prise de décision :
- *Analyse des données de localisation :* Les entreprises du secteur des transports utilisent des données géospatiales pour l'analyse de marché et la prise de décision stratégique. Cela comprend l'identification de nouveaux itinéraires rentables, l'ouverture de nouveaux centres de distribution et l'adaptation aux demandes du marché.

Ces innovations, alimentées par les données géospatiales, transforment le secteur des transports, le rendant plus agile, efficace et durable. Les développements continus dans ce domaine promettent non seulement des améliorations opérationnelles, mais également un changement significatif dans la façon dont nous concevons et expérimentons les transports modernes.

Chapitre 17 : Études de cas 5

17.1. Cas 5 : Utilisation des données géospatiales dans la planification urbaine

Description du projet : Utilisation des données géospatiales dans l'urbanisme

Le projet en question se concentre sur l'utilisation stratégique des données géospatiales pour éclairer et améliorer la planification urbaine dans une ville en pleine croissance. Le contexte implique des défis typiques des zones urbaines, tels que la nécessité d'une expansion durable, d'une allocation efficace des ressources et d'assurer une qualité de vie idéale aux résidents.

Objectifs:
1. Cartographie de l'utilisation des terres : utilisez les données géospatiales pour effectuer une analyse complète de l'utilisation actuelle des terres dans la ville, en identifiant les zones résidentielles, commerciales, industrielles et vertes.

2. Analyse de la densité de population : appliquer des données géospatiales pour analyser les modèles de densité de population. Cela implique d'identifier les zones densément peuplées ainsi que les emplacements qui pourraient bénéficier d'une augmentation des infrastructures urbaines.

3. Planification des infrastructures : utiliser les informations géographiques pour planifier et optimiser les infrastructures urbaines, notamment les réseaux routiers, les transports publics, les réseaux d'eau et d'égouts et les zones de loisirs.

4. Gestion des risques environnementaux : Incorporer des données géospatiales pour cartographier les risques environnementaux, tels que les inondations ou les glissements de terrain, et intégrer ces informations dans la planification urbaine pour assurer la sécurité de la population.

5. Développement durable : Appliquer des données géospatiales pour évaluer le potentiel de développement durable, notamment en identifiant les zones adaptées aux projets d'énergie renouvelable, aux parcs et aux espaces verts.

Mise en œuvre:
- Collecte de données : les données géospatiales sont collectées à partir de sources multiples, notamment la télédétection, les systèmes d'information géographique (SIG) et les enquêtes sur site.

- Analyse et modélisation : les outils SIG sont utilisés pour analyser les données, créer des modèles tridimensionnels de l'environnement urbain et effectuer des simulations pour différents scénarios de développement.

- Prise de décision basée sur la localisation : les autorités d'urbanisme utilisent des informations géographiques pour prendre des décisions éclairées, en tenant compte d'aspects tels que l'accessibilité, la durabilité et la qualité de vie.

Résultats:
1. Développement ordonné : La planification urbaine éclairée par les données géospatiales a abouti à un développement plus ordonné et plus efficace, évitant des problèmes courants tels que la congestion et le manque d'infrastructures.

2. Qualité de vie accrue : L'attribution efficace des espaces verts, l'amélioration des infrastructures et la prise en compte des facteurs environnementaux ont contribué à une augmentation significative de la qualité de vie des résidents.

3. Résilience aux risques : la gestion des risques basée sur les données géospatiales a aidé la ville à devenir plus résiliente aux catastrophes naturelles, en minimisant les impacts et en protégeant la population.

Prochaines étapes:
Le projet pose une base solide pour les initiatives futures, notamment la mise à jour continue des données géospatiales, la mise en œuvre de technologies émergentes et l'adaptation flexible aux besoins changeants de la ville. Le succès de cette affaire met en

évidence le rôle essentiel des données géospatiales dans la planification urbaine moderne.

17.2. Expérience municipale

Expérience municipale avec les données géospatiales en urbanisme

L'expérience municipale décrite dans ce cas met en évidence la transformation significative réalisée par l'administration locale en intégrant des données géospatiales dans ses processus de planification urbaine. En intégrant les technologies de l'information géographique (SIG) et l'analyse géolocalisée, l'administration a pu prendre des décisions plus éclairées et stratégiques pour façonner la croissance et le développement de la ville.

Collecte et utilisation des données :
L'administration municipale a entamé le parcours d'une collecte complète de données géospatiales, rassemblant des informations sur l'utilisation actuelle des terres, la densité de population, les infrastructures existantes et les risques environnementaux. Ces données ont été obtenues à partir de sources multiples, notamment des images satellite, des levés topographiques et des levés directs.

Analyse et modélisation :
Avec la mise en œuvre de systèmes d'information géographique avancés, l'administration a réalisé une analyse détaillée et une modélisation tridimensionnelle de l'environnement urbain. Les outils SIG ont permis la création de scénarios virtuels, permettant de visualiser l'impact potentiel de différentes stratégies de développement.

Prise de décision éclairée :
Le principal changement observé concerne la prise de décision. Les décideurs municipaux ont commencé à fonder leurs choix sur des données concrètes, en tenant compte de facteurs tels que l'accessibilité, la durabilité et la résilience aux catastrophes naturelles. L'utilisation stratégique de l'information géographique a permis une compréhension plus approfondie de la dynamique urbaine, guidant les politiques de développement à long terme.

Des résultats tangibles :
1. Développement durable : La ville a connu un développement plus durable, avec l'identification et la promotion de zones adaptées aux projets verts et aux énergies renouvelables.

2. Infrastructure optimisée : L'allocation efficace des ressources a amélioré les infrastructures, notamment les transports publics, les réseaux routiers et les services essentiels, ce qui a permis de créer une ville plus efficace et plus connectée.

3. Amélioration de la réponse aux risques : La gestion des risques basée sur les données géospatiales a amélioré la réponse de la ville aux catastrophes naturelles, réduisant les dommages et protégeant la population.

Engagement communautaire:

L'administration municipale a également utilisé des données géospatiales pour promouvoir l'engagement communautaire. Des cartes et des visualisations interactives ont été partagées avec les citoyens, leur permettant de comprendre les décisions d'urbanisme et de participer activement au processus.

Leçons apprises:

L'expérience a mis en évidence l'importance de la collaboration entre les secteurs, le besoin continu de données mises à jour et la flexibilité nécessaire pour adapter les stratégies à mesure que l'environnement urbain évolue.

L'expérience municipale révèle comment l'intégration des données géospatiales peut être un outil de transformation dans la planification urbaine, créant des villes plus résilientes, durables et adaptées à l'avenir.

17.3. Transformation urbaine

Transformation urbaine grâce à l'utilisation de données géospatiales

Dans le cas présenté, la transformation urbaine entraînée par l'utilisation de données géospatiales a été un parcours remarquable qui a impacté plusieurs domaines de la gestion urbaine, favorisant des changements significatifs guidés par des informations concrètes. Explorons comment l'utilisation stratégique de ces données a contribué à la transformation dans des domaines clés :

1. Développement des infrastructures :
L'utilisation des données géospatiales a catalysé le développement des infrastructures de manière plus précise et plus efficace. L'administration municipale, dotée d'informations détaillées sur l'environnement urbain, a pu identifier les domaines critiques nécessitant des améliorations des infrastructures, telles que les réseaux d'eau, d'égouts, d'électricité et de télécommunications. La capacité de visualiser les couches d'infrastructures existantes et planifiées dans un contexte géospatial a permis des décisions plus intelligentes et une meilleure coordination entre les différents projets.

deux. Zonage urbain stratégique :

Le zonage urbain, essentiel pour orienter la croissance et assurer un développement équilibré, a été révolutionné. Grâce aux données géospatiales, l'administration a pu réaliser des analyses détaillées de chaque région de la ville. Cela comprenait l'identification des zones adaptées à un usage résidentiel, commercial et industriel, en tenant compte de facteurs tels que la topographie, l'accessibilité et les zones environnementales. Le résultat a été un zonage mieux adapté aux besoins de la communauté et aux caractéristiques naturelles du territoire.

3. Mobilité urbaine intelligente :

Les données géospatiales étaient fondamentales pour repenser la mobilité urbaine. Grâce à des informations précises sur le trafic, les modes de transport et l'accessibilité, l'administration a pu optimiser les itinéraires, améliorer les transports publics et planifier le développement de pistes cyclables et de zones piétonnes. La visualisation géospatiale a permis une analyse complète des flux de trafic, facilitant ainsi les interventions qui ont considérablement amélioré la fluidité et l'efficacité du système de transport.

4. Développement durable et espaces verts :

La transformation urbaine comprenait une approche visant le développement durable. Les données géospatiales ont permis d'identifier des zones propices aux parcs, aux espaces verts et aux projets de durabilité environnementale. L'administration a ainsi pu créer une ville plus écologique et plus résiliente, favorisant le bien-être des communautés et protégeant les écosystèmes sensibles.

5. Participation communautaire :
La transformation urbaine ne s'est pas produite uniquement au niveau physique, mais également au niveau de l'implication et de la participation de la communauté. L'utilisation de cartes interactives et de visualisations géospatiales a permis aux citoyens de comprendre les changements prévus dans leurs quartiers, contribuant ainsi à un retour d'information précieux et favorisant un sentiment de transparence et de participation au processus de transformation urbaine.

La transformation urbaine pilotée par les données géospatiales a non seulement amélioré les infrastructures et la mobilité, mais a également tiré parti du développement durable et renforcé les relations entre l'administration municipale et la communauté, aboutissant à une ville plus efficace, plus équitable et plus agréable à vivre.

17.4. Implication de la communauté

Implication communautaire dans la planification urbaine avec des données géospatiales

L'engagement communautaire dans la planification urbaine, motivé par l'application de données géospatiales, représente un changement important dans la manière dont les communautés interagissent et contribuent au développement de leurs régions. Explorons comment la transparence et l'accessibilité aux données géographiques ont influencé positivement la participation communautaire :

1. Accès à des informations transparentes :
La disponibilité des données géospatiales offre aux communautés un accès transparent aux informations essentielles sur le développement urbain. Les cartes interactives et les visualisations géospatiales rendent compréhensibles et accessibles les données complexes sur les zones de construction, les espaces verts, les infrastructures et les plans de zonage. Cela fournit aux membres de la communauté une vue claire et détaillée de ce qui est proposé, créant ainsi un environnement plus transparent et compréhensible.

deux. Participation active aux décisions locales :
L'application des données géospatiales permet aux citoyens de participer activement aux décisions liées au développement urbain. Grâce à des outils interactifs, les résidents peuvent explorer les propositions de projets, visualiser l'impact de ces projets sur leur région et fournir de précieux commentaires. Cet engagement direct donne à la communauté une voix significative dans la planification urbaine, contribuant à

des décisions plus représentatives alignées sur les besoins locaux.

3. Identification des besoins spécifiques :

L'analyse des données géospatiales permet aux communautés d'identifier plus précisément leurs besoins spécifiques. Par exemple, en visualisant les zones présentant un déficit d'espaces verts, des infrastructures inadéquates ou des problèmes de mobilité, les résidents peuvent mettre en évidence leurs priorités. Cette identification collaborative des besoins spécifiques contribue à une planification davantage centrée sur la communauté.

4. Réduction des inégalités et des disparités :

La transparence des données géospatiales contribue à réduire les inégalités et les disparités dans le développement urbain. En consultant des informations sur les investissements dans différents domaines, les membres de la communauté peuvent garantir que le développement est équitable. Ceci est particulièrement important pour garantir que les quartiers historiquement négligés ou économiquement défavorisés bénéficient équitablement de la planification urbaine.

5. Éducation et sensibilisation :

L'application des données géospatiales implique non seulement la communauté dans les décisions actuelles, mais éduque et sensibilise également au processus de planification urbaine. En fournissant des informations détaillées sur les développements proposés, les outils géospatiaux permettent aux citoyens de mieux comprendre les facteurs impliqués, favorisant ainsi une communauté plus informée et engagée.

L'implication de la communauté dans la planification urbaine, avec l'application de données géospatiales, renforce la démocratie locale, construit une compréhension commune et crée des villes plus inclusives, où les décisions reflètent les besoins réels de la communauté. Cette approche collaborative représente un changement positif dans la manière dont les villes sont développées et vécues par leurs habitants.

17.5. Défis de planification

Les défis de la planification urbaine utilisant les données géospatiales

L'utilisation des données géospatiales dans la planification urbaine, bien qu'elle apporte des avantages significatifs, est également soumise à un certain nombre de défis, en particulier lorsqu'elle est appliquée à des environnements urbains complexes et en croissance. Explorons certains de ces défis :

1. Complexité de l'environnement urbain :

Les environnements urbains sont intrinsèquement complexes, avec une variété de facteurs interconnectés tels que les infrastructures existantes, les zones de construction, la densité de population et les problèmes environnementaux. L'intégration des données géospatiales peut accroître la complexité, nécessitant des systèmes de gestion et d'analyse robustes pour garantir que les informations sont traitées de manière significative.

deux. Croissance démographique :

La croissance démographique constante et souvent non planifiée constitue un défi de taille. L'utilisation de données géospatiales pour comprendre les modèles de croissance, identifier les zones de densification et planifier de nouvelles infrastructures est cruciale. Toutefois, le défi consiste à être capable de prédire avec précision la croissance future, de s'adapter à l'évolution de la demande et d'éviter de surcharger les services existants.

3. Intégration de données provenant de différentes sources :

Les données géospatiales proviennent souvent de plusieurs sources, telles que des capteurs à distance, des archives municipales, des données sociales, etc. L'intégration de ces données pour créer une vue complète de l'environnement urbain peut s'avérer difficile en raison des différences de formats, d'échelles et de précisions. Une harmonisation efficace est essentielle pour garantir que les informations sont exactes et utiles.

4. Engagement communautaire durable :

Même si la participation communautaire constitue un avantage, il est difficile de maintenir cet engagement de manière durable dans le temps. La participation active de la communauté nécessite des efforts continus de communication, d'éducation et de transparence. De plus, les opinions divergentes au sein de la communauté peuvent rendre difficile la recherche d'un consensus sur des questions complexes d'urbanisme.

5. Changements rapides et dynamiques :

Les environnements urbains sont soumis à des changements rapides, tels que le développement immobilier, les changements économiques et les événements imprévus. Les données géospatiales doivent être mises à jour en temps réel pour refléter ces changements, ce qui peut s'avérer difficile, en particulier dans les zones urbaines en développement rapide.

6. Questions de confidentialité et d'éthique :

La collecte et l'utilisation de données géospatiales soulèvent des préoccupations en matière d'éthique et de confidentialité. Garantir que la collecte et l'analyse des données sont effectuées de manière éthique et que les informations sensibles sont correctement protégées est un défi constant.

7. Planification résiliente :

Élaborer des plans urbains résilients aux événements extrêmes, tels que les catastrophes naturelles, constitue un défi croissant. Les données géospatiales jouent un rôle clé dans la prévention et l'atténuation des risques, mais l'incertitude inhérente à ces événements ajoute à la complexité du processus de planification.

Relever ces défis nécessite une approche holistique, impliquant des experts en géospatiale, en urbanisme, en technologie et en engagement communautaire pour garantir que la planification urbaine soit durable, adaptable et motivée par les intérêts de la communauté.

Chapitre 18 : Outils et logiciels de données géospatiales

18.1. Logiciel de base de données géospatiale principal

Le logiciel de base de données géospatiale est un outil essentiel pour stocker, gérer et analyser des données comportant des composantes géographiques. Vous trouverez ci-dessous quelques-uns des meilleurs logiciels de bases de données géospatiales :

1. PostGIS :
- Caractéristiques : PostGIS est une extension géospatiale pour la base de données PostgreSQL. Il ajoute des types de données géographiques, des index spatiaux et des fonctions pour prendre en charge les données géographiques.
- Capacités : fournit une prise en charge robuste pour les requêtes spatiales complexes, l'analyse de données géographiques et l'intégration avec les applications SIG (Systèmes d'information géographiques).
- Applications : Largement utilisé dans les systèmes SIG, l'urbanisme, la gestion des ressources naturelles et les applications associées.

2. Oracle Spatial :
- Caractéristiques : Oracle Spatial est une extension de base de données Oracle qui ajoute des fonctionnalités géospatiales au système de gestion de base de données Oracle.
- Capacités : vous permet de stocker et d'interroger des données géospatiales, prenant en charge les

opérations spatiales avancées et l'intégration avec les applications SIG.

- Applications : Utilisé dans diverses industries, notamment la logistique, les télécommunications et la gestion d'actifs.

3. ESRI ArcSDE (moteur de base de données spatiale) :
 - Caractéristiques : ArcSDE, développé par ESRI, est une technologie qui permet de stocker des données géographiques dans des bases de données relationnelles.

- Capacités : fournit une plate-forme pour stocker, récupérer et gérer des données spatiales, s'intégrant à différents systèmes de gestion de bases de données (SGBD).

- Applications : Largement utilisé dans les solutions SIG, telles que ArcGIS d'ESRI, pour le stockage centralisé des données spatiales.

4. GéoServeur :
 - Caractéristiques : GeoServer est une application serveur open source qui vous permet de partager et de modifier des données géospatiales via des normes ouvertes.

- Capacités : prend en charge la publication de données géospatiales dans des formats standard tels que Web Map Service (WMS) et Web Feature Service (WFS).

- Applications : utilisées pour créer des infrastructures de données spatiales, fournir des services de cartographie Web et collaborer sur des projets géospatiaux.

5. MongoDB avec GeoJSON :
- Caractéristiques : MongoDB est une base de données NoSQL et son extension GeoJSON permet un stockage et une interrogation efficaces des données géospatiales.
- Capacités : prend en charge les index spatiaux, les requêtes géospatiales et les opérations d'analyse.
- Applications : utilisées dans les applications Web et mobiles, l'Internet des objets (IoT) et dans les cas où l'évolutivité horizontale est une considération cruciale.

6. SQLite avec l'extension SpatiaLite :
- Caractéristiques : SQLite est une base de données SQL intégrée et l'extension SpatiaLite ajoute la prise en charge des données géospatiales.
- Capacités : fournit des fonctionnalités spatiales telles que des index spatiaux, des opérations géospatiales et la prise en charge des données vectorielles et raster.
- Applications : utile dans les applications qui nécessitent une solution légère et intégrée pour les données géospatiales.

Ce logiciel représente une variété d'approches de gestion des données géospatiales, des bases de données relationnelles avec extensions spatiales aux bases de données NoSQL spécialisées. Le choix dépend des exigences spécifiques du projet, des préférences de l'équipe de développement et du contexte d'utilisation.

18.2. Outils de visualisation géographique

Les outils de visualisation géographique jouent un rôle crucial dans la représentation graphique et la compréhension des données géospatiales. Ils sont conçus pour traduire des informations complexes en représentations visuelles intuitives et interactives. Vous trouverez ci-dessous quelques-uns des aspects importants de ces outils :

1. Cartes interactives :
   - Les outils de visualisation géographique comportent souvent des cartes interactives qui permettent aux utilisateurs d'explorer les données géospatiales de manière dynamique.
   - Les utilisateurs peuvent zoomer, effectuer un panoramique, cliquer sur les éléments de la carte pour obtenir des informations supplémentaires et interagir directement avec les données.

2. Couches d'informations :
   - Ces outils prennent en charge la superposition de plusieurs couches d'informations géographiques, permettant l'analyse de données provenant de différentes sources.
   - Par exemple, les couches de rues, les limites administratives, les points d'intérêt et les données météorologiques peuvent être combinés pour une analyse complète.

3. Visualisation des données statistiques :

   - En plus des représentations géographiques simples, les outils peuvent intégrer des visualisations de données statistiques telles que des graphiques à barres, des diagrammes circulaires et des nuages de points associés à des emplacements spécifiques.

4. Personnalisation des styles et des symboles :

   - Les utilisateurs peuvent personnaliser l'apparence des cartes en choisissant les styles et les symboles qui représentent le mieux les données. Cela inclut la définition des couleurs, des tailles et des formes des entités géographiques.

5. Prise en charge des données 3D :

   - Certains outils avancés prennent en charge la visualisation tridimensionnelle, permettant aux utilisateurs d'explorer des données géospatiales dans un environnement 3D réaliste.

6. Outils d'analyse spatiale :

   - Ils incluent des fonctionnalités d'analyse spatiale, telles que les tampons, l'analyse de proximité et l'interpolation spatiale, qui aident à comprendre les modèles géographiques et les relations entre différents éléments.

7. Intégration avec les API de cartographie :

- De nombreux outils peuvent être intégrés à des API de cartographie telles que Google Maps ou Mapbox pour enrichir l'expérience visuelle et profiter des services basés sur la localisation.

8. Compatibilité mobile :
- De nombreux outils sont conçus pour être réactifs, garantissant une expérience visuelle cohérente sur les appareils mobiles, ce qui est crucial pour les applications et solutions mobiles.

9. Collaboration et partage :
- Facilitez la collaboration et le partage de cartes et de visualisations, permettant aux utilisateurs de partager facilement leurs conclusions et analyses avec d'autres parties intéressées.

10. Prise en charge de divers formats de données :
- Ces outils prennent généralement en charge une variété de formats de données géospatiales, tels que GeoJSON, Shapefile et KML, garantissant la compatibilité avec différentes sources de données.

Les outils de visualisation géographique sont essentiels dans de nombreux domaines, notamment l'urbanisme, la gestion environnementale, la logistique, la santé publique, etc. Ils permettent aux utilisateurs d'explorer et de comprendre les données géographiques, fournissant ainsi des informations précieuses pour prendre des décisions éclairées.

18.3. Outils d'analyse spatiale

Les outils d'analyse spatiale sont des composants essentiels dans les domaines du géotraitement et des systèmes d'information géographique (SIG). Ils permettent aux utilisateurs d'analyser et d'interpréter les modèles, les relations et les tendances des données géospatiales, offrant ainsi une compréhension plus approfondie de l'environnement géographique. Vous trouverez ci-dessous quelques concepts fondamentaux sur ces outils :

1. Définition :
   - Les outils d'analyse spatiale font référence à un ensemble de techniques et de méthodes qui explorent la relation entre les données géographiques et aident à l'interprétation des modèles et comportements spatiaux.

2. Géotraitement :
   - L'analyse spatiale est intrinsèquement liée au géotraitement, qui consiste à traiter des données géospatiales pour obtenir des informations précieuses sur la distribution, la proximité et l'interaction entre les éléments.

3. Topologie et relations spatiales :
   - Les outils d'analyse spatiale examinent la topologie et les relations spatiales entre différentes entités,

permettant, par exemple, d'identifier quels éléments sont proches, connectés ou se chevauchent.

4. Analyse de zone tampon et de proximité :
- Le buffering est une technique courante qui crée une zone d'influence autour d'un point, d'une ligne ou d'un polygone donné. L'analyse de proximité utilise des tampons pour évaluer quelles entités se trouvent à une certaine distance des autres.

5. Interpolation spatiale :
- Des outils tels que l'interpolation spatiale sont utilisés pour estimer les valeurs à des emplacements non échantillonnés sur la base de valeurs connues, utiles, par exemple, pour prédire la répartition des polluants ou les conditions météorologiques.

6. Analyse de cluster (groupe) :
- Identifie les clusters ou les modèles spatiaux dans les données, révélant les zones où sont concentrées des entités similaires. Cette analyse est cruciale dans des domaines tels que l'épidémiologie pour identifier les épidémies.

7. Analyse des itinéraires et de l'accessibilité :
- Les outils d'analyse spatiale sont également utilisés pour optimiser les itinéraires, évaluer l'accessibilité et comprendre comment les différentes régions sont connectées, étant utiles dans la logistique, les transports et l'urbanisme.

8. Modélisation de surfaces :

- Cela implique la création de modèles de surface tridimensionnels à partir de données géospatiales, permettant des visualisations plus réalistes et une analyse détaillée des caractéristiques du terrain.

9. Géostatistique :

- Utiliser des techniques statistiques sur des données géographiques, utiles pour comprendre la répartition spatiale des phénomènes et la variabilité de ces phénomènes dans l'espace.

10. Applications pratiques :

- Les outils d'analyse spatiale trouvent des applications dans plusieurs domaines, notamment la gestion de l'environnement, l'urbanisme, l'agro-industrie, l'épidémiologie, la gestion des ressources naturelles, entre autres.

11. Logiciel SIG :

- De nombreux logiciels SIG, tels qu'ArcGIS, QGIS et Google Earth Engine, offrent une variété d'outils d'analyse spatiale, offrant aux utilisateurs la possibilité d'explorer et de comprendre de manière exhaustive les données géospatiales.

12. Prise de décision éclairée :

- L'analyse spatiale permet une prise de décision éclairée en fournissant des informations qui vont au-delà de la simple représentation visuelle de cartes, permettant de comprendre les modèles cachés et les relations complexes entre différents éléments géographiques.

Les outils d'analyse spatiale sont essentiels pour transformer les données géospatiales en informations significatives, offrant ainsi une vision plus approfondie et plus informée du monde qui nous entoure.

18.4. Logiciel libre vs logiciel commercial

La distinction entre logiciels gratuits et commerciaux dans le contexte des données géospatiales est cruciale pour comprendre les options disponibles pour les professionnels travaillant avec des informations géographiques. Voici quelques considérations sur chaque approche :

Livre de logiciels :

Avantages:
1. Coût :
   - Le principal avantage des logiciels libres est qu'ils sont généralement gratuits à utiliser. Cela peut être particulièrement attrayant pour les organisations ou les utilisateurs individuels disposant de budgets limités.

2. Ouvert :

- Les logiciels libres sont généralement distribués avec leur code open source, permettant aux utilisateurs de visualiser, modifier et distribuer le logiciel selon leurs besoins. Cela favorise la transparence et la collaboration.

3. Communauté active :
- De nombreux projets open source disposent de communautés actives de développeurs et d'utilisateurs. Cela peut conduire à des mises à jour fréquentes, à une résolution rapide des problèmes et à des améliorations continues.

4. Flexibilité :
- La nature ouverte du code permet aux utilisateurs de personnaliser et d'adapter le logiciel pour répondre à leurs besoins spécifiques.

5. Normes ouvertes :
- De nombreuses solutions open source adhèrent à des normes ouvertes, ce qui facilite l'interopérabilité avec d'autres outils et formats de données.

Désavantages:
1. Assistance technique :
- Le support technique peut être limité par rapport aux solutions commerciales. La dépendance communautaire peut entraîner des délais de réponse variables.

2. Courbe d'apprentissage :

- Certains logiciels gratuits peuvent avoir une courbe d'apprentissage plus abrupte, notamment pour les débutants ou les utilisateurs non techniques.

3. Intégration avec des logiciels propriétaires :

- L'intégration avec des logiciels propriétaires peut présenter des difficultés, en fonction des formats de données et des normes utilisées.

Logiciels commerciaux :

Avantages:
1. Assistance professionnelle :

- Les solutions commerciales offrent souvent un support technique professionnel, garantissant une résolution rapide des problèmes et des mises à jour régulières.

2. Facilité d'utilisation :

- De nombreux outils commerciaux sont conçus pour être conviviaux, avec des interfaces intuitives, ce qui les rend faciles à utiliser pour ceux qui n'ont pas d'expérience technique avancée.

3. Intégration avec d'autres outils :

- De nombreux logiciels commerciaux sont développés pour s'intégrer facilement à d'autres outils, notamment des logiciels de conception, de CAO (conception assistée par ordinateur) et des bases de données.

4. Formation :
   - De nombreux fournisseurs commerciaux proposent des programmes de formation, facilitant ainsi l'introduction de nouveaux utilisateurs sur leurs plateformes.

Désavantages:
1. Coût initial :
   - Le principal inconvénient est le coût initial. L'utilisation des logiciels commerciaux nécessite souvent une licence payante, ce qui peut s'avérer prohibitif pour certaines organisations ou utilisateurs individuels.

2. Restrictions de personnalisation :
   - Par rapport aux logiciels libres, les options de personnalisation peuvent être limitées car le code source n'est souvent pas disponible.

3. Dépendance envers les fournisseurs :
   - Les utilisateurs deviennent dépendants du fournisseur pour les mises à jour et l'assistance continue, ce qui peut créer des vulnérabilités si le fournisseur cesse de proposer une assistance.

   Le choix entre logiciels gratuits et commerciaux dépend des besoins spécifiques, des ressources disponibles et des préférences des utilisateurs. De nombreuses organisations optent pour une approche hybride, utilisant des solutions commerciales où le support professionnel est crucial et se tournant vers des solutions open source pour répondre à des exigences spécifiques ou pour des environnements plus flexibles.

18.5. Choisir le bon outil

Choisir le bon outil pour traiter les données géospatiales est crucial pour le succès des projets liés à la géoinformation. Voici quelques critères importants à considérer lors de la prise de cette décision :

1. Échelle du projet :
- Évaluez l'ampleur de votre projet. Différents outils peuvent être mieux adaptés aux petits projets qu'aux projets à grande échelle. Assurez-vous que l'outil que vous choisissez peut gérer efficacement le volume de données prévu.

2. Ressources requises :
- Analysez les fonctionnalités spécifiques dont vous avez besoin. Cela peut inclure des capacités d'analyse spatiale, la prise en charge de différents types de données géospatiales (vecteur, raster, etc.), des capacités de visualisation avancées, entre autres. La

liste des exigences spécifiques de votre projet facilitera la sélection.

3. Intégration avec d'autres outils :

- Réfléchissez à la manière dont l'outil s'intègre aux autres outils de votre environnement de travail. Si vous utilisez déjà un logiciel spécifique pour la conception, l'analyse statistique ou les bases de données, assurez-vous que votre outil de données géospatiales peut s'intégrer efficacement à ces solutions.

4. Exigences techniques :

- Vérifiez les exigences techniques de l'outil, y compris la compatibilité du système d'exploitation, la configuration matérielle requise et la prise en charge des normes de données. Assurez-vous que l'outil est techniquement réalisable pour votre infrastructure existante.

5. Facilité d'utilisation :

- L'interface utilisateur et la facilité d'utilisation sont des aspects importants, surtout si l'outil est utilisé par une équipe diversifiée qui n'a pas d'expérience technique avancée. Évaluer la courbe d'apprentissage et l'intuitivité de l'outil.

6. Assistance et mises à jour :

- Tenez compte de la disponibilité du support technique. Des outils pris en charge par des professionnels peuvent s'avérer essentiels pour résoudre rapidement les problèmes. De plus, évaluez la régularité des mises à jour, car cela indique l'engagement continu du développeur envers les améliorations et les correctifs.

7. Coûts :
   - Évaluer les coûts associés à l'utilisation de l'outil, y compris les licences, la maintenance et les éventuels coûts de formation. Considérez le retour sur investissement par rapport aux ressources proposées.

8. Normes et formats de données :
   - Vérifiez si l'outil prend en charge les normes ouvertes et les formats de données courants. Cela facilitera l'interopérabilité et l'échange de données avec d'autres outils et systèmes.

9. Notes et commentaires :
   - Rechercher des avis et des commentaires d'utilisateurs sur l'outil. Les expériences d'autres utilisateurs peuvent fournir des informations précieuses sur l'efficacité et les défis associés à un outil particulier.

En tenant compte de ces critères, les décideurs peuvent prendre des décisions éclairées quant au choix de l'outil de données géospatiales le mieux adapté à leurs besoins spécifiques.

Chapitre 19 : Éthique et confidentialité dans les données géospatiales

19.1. Problèmes éthiques liés aux données géospatiales

L'utilisation de données géospatiales soulève plusieurs questions éthiques qui doivent être prises en compte pour garantir des pratiques responsables et respectueuses. Certaines des principales questions éthiques associées aux données géospatiales comprennent :

1. Confidentialité :
- La collecte de données géospatiales peut révéler des informations sensibles sur la localisation et les mouvements des personnes. La question de la vie privée devient cruciale, surtout lorsque ces données sont liées à des identités individuelles. Il est essentiel de garantir que les données soient anonymisées ou agrégées dans la mesure du possible et que des mesures de sécurité strictes soient en place.

2. Consentement éclairé :
- L'obtention d'un consentement éclairé est cruciale lors de la collecte de données géospatiales, notamment lorsqu'il s'agit d'informations personnelles. Les utilisateurs doivent être pleinement informés de la manière dont leurs données seront collectées, stockées et utilisées, et doivent avoir la possibilité d'accorder ou de refuser leur consentement.

3. Transparence :

- Les organisations qui collectent et utilisent des données géospatiales doivent être transparentes sur leurs pratiques. Cela implique de divulguer clairement les finalités de la collecte de données, la manière dont elles seront utilisées et partagées, et la manière dont les individus peuvent exercer leurs droits à la vie privée.

4. Équité et partialité :
- Les données géospatiales peuvent refléter et même amplifier les préjugés sociaux. Par exemple, si certaines zones géographiques sont sous-représentées dans les données, les décisions fondées sur ces données peuvent être injustes ou discriminatoires. L'équité doit être une considération centrale et les développeurs doivent être conscients des biais potentiels dans les algorithmes ou les ensembles de données.

5. Sécurité des données :
- La sécurité des données géospatiales est une question éthique essentielle. Les fuites de données peuvent avoir de graves conséquences sur la vie privée et la sécurité des personnes en général. Des mesures de cybersécurité robustes et des pratiques sécurisées de gestion des données sont essentielles.

6. Utilisation responsable dans les applications militaires :
- Dans des contextes militaires, l'utilisation de données géospatiales soulève des questions éthiques supplémentaires, notamment leur utilisation potentielle dans des opérations pouvant avoir un impact sur la

sécurité et le bien-être des populations. La considération éthique est cruciale lors du développement et de l'application de technologies géospatiales dans des contextes militaires.

7. Accès et inégalités :

- La disponibilité des données géospatiales et l'accès aux technologies associées peuvent varier considérablement selon les régions et les groupes sociaux. Cela peut contribuer aux disparités et aux inégalités. Veiller à ce que l'accès aux données géospatiales et les avantages associés soient répartis équitablement est une considération éthique importante.

8. Responsabilité dans les décisions automatisées :

- L'automatisation basée sur des données géospatiales, comme dans le cas des voitures autonomes, soulève des questions éthiques sur la responsabilité en cas d'accident ou de panne. Une attribution claire des responsabilités et une considération éthique dans la prise de décision automatisée sont essentielles.

En abordant ces questions éthiques, les développeurs, les chercheurs et les organisations peuvent contribuer à une utilisation responsable et éthique des données géospatiales, en favorisant la confiance du public et en minimisant les impacts négatifs potentiels.

19.2. Données de confidentialité et de localisation

La relation entre la confidentialité et les données de localisation constitue une préoccupation croissante à mesure que la collecte et l'utilisation d'informations géospatiales se généralisent. Voici quelques points clés sur cette relation :

1. Suivi et identification :
- La collecte de données de localisation peut permettre un suivi précis des mouvements individuels. Cela soulève des inquiétudes en matière de confidentialité, car la localisation peut être une information très sensible. Lorsqu'elle est combinée avec d'autres données, l'identification personnelle peut devenir possible, révélant des détails sur la vie quotidienne d'une personne.

2. Équilibre entre utilité et confidentialité :
- De nombreux services et applications basés sur des données de localisation offrent des avantages significatifs, tels qu'une navigation efficace, des recommandations personnalisées et des services de localisation. Cependant, cet avantage nécessite souvent le partage des données de localisation. Trouver le juste équilibre entre l'utilité de ces services et la protection de la vie privée constitue un défi.

3. Consentement éclairé :

- Le consentement éclairé est essentiel lorsqu'il s'agit de données de localisation. Les gens doivent être pleinement informés de la manière dont leurs données de localisation seront collectées, utilisées et partagées. Ils doivent avoir la possibilité d'accorder ou de refuser ce consentement, et la révocation du consentement doit être une option claire.

4. Anonymisation et agrégation de données :
- Pour protéger la confidentialité, les organisations peuvent adopter des pratiques telles que l'anonymisation et l'agrégation des données. L'anonymisation supprime ou modifie les informations identifiables, tandis que l'agrégation regroupe les données pour rendre impossible l'identification des informations spécifiques à un individu.

5. Sécurité des données :
- La sécurité des données de localisation est vitale pour empêcher les accès non autorisés et les fuites. Les organisations doivent mettre en œuvre des mesures de cybersécurité robustes pour protéger ces informations sensibles.

6. Politiques de conservation des données :
- Établir des politiques claires de conservation des données est essentiel. Conserver les données de localisation plus longtemps que nécessaire peut augmenter les risques liés à la confidentialité. Fixer des périodes de conservation spécifiques et supprimer en

toute sécurité les données après cette période est une bonne pratique.

7. Éducation des utilisateurs :

- L'éducation des utilisateurs joue un rôle crucial. Les utilisateurs doivent comprendre comment leurs données de localisation sont utilisées, comment ils peuvent contrôler leurs paramètres de confidentialité et quels sont les risques et les avantages associés au partage de données de localisation.

8. Normes éthiques et juridiques :

- Le respect des normes éthiques et juridiques est essentiel. Des réglementations telles que le Règlement général sur la protection des données (RGPD) dans l'Union européenne établissent des lignes directrices strictes pour la collecte et le traitement des données personnelles, y compris les données de localisation.

La relation entre la confidentialité et les données de localisation souligne l'importance d'approches éthiques et transparentes en matière de collecte et d'utilisation de ces informations, garantissant que l'utilité des services géolocalisés ne compromet pas la vie privée des individus.

19.3. Réglementation et conformité

La réglementation et la conformité concernant les données géospatiales sont intrinsèquement liées à la protection de la vie privée et à l'éthique dans la collecte, le traitement et l'utilisation de ces informations. Plusieurs juridictions ont établi des lois et des lignes directrices pour garantir la protection des droits individuels et la sécurité des données. Voici quelques points pertinents :

1. Règlement Général sur la Protection des Données (RGPD – Union Européenne) :
   - Le RGPD est l'une des législations les plus complètes en matière de protection des données personnelles. Elle s'applique aux données de localisation et établit des principes tels que le consentement éclairé, le droit d'accès, de rectification et de suppression des données, ainsi que l'obligation de notifier les violations de données.

2. Lois sur la confidentialité aux États-Unis :
   - Aux États-Unis, il n'existe pas de loi fédérale complète spécifique sur la confidentialité des données, mais certaines lois d'État, telles que le California Consumer Privacy Act (CCPA), imposent des exigences spécifiques en matière de confidentialité et de contrôle des consommateurs sur leurs données.

3. Loi générale sur la protection des données personnelles (LGPD - Brésil) :
   - La LGPD, inspirée du RGPD, est une législation brésilienne qui traite de la protection des données

personnelles, y compris les données de localisation. Il établit les droits des personnes concernées, les principes de transparence et de caractère définitif, et exige des mesures de sécurité pour protéger ces données.

4. Lois sur la protection de la vie privée en Asie-Pacifique :

  - Plusieurs pays de la région Asie-Pacifique, comme le Japon, la Corée du Sud et l'Australie, ont des lois sur la confidentialité qui couvrent la collecte et l'utilisation de données personnelles, y compris les données de localisation.

5. ISO 37120 - Indicateurs Villes durables :

  - ISO 37120 est une norme internationale qui définit des indicateurs pour les villes durables, y compris ceux liés aux données géospatiales. Cette norme fournit un ensemble de normes pour garantir la qualité et la fiabilité des données urbaines.

6. Lignes directrices éthiques en matière d'intelligence artificielle :

  - À mesure que des technologies telles que l'apprentissage automatique et l'intelligence artificielle sont appliquées aux données géospatiales, les lignes directrices éthiques spécifiques à ces technologies deviennent également pertinentes. Les organisations et les chercheurs élaborent des lignes directrices pour garantir l'utilisation éthique de ces technologies.

7. Principes de minimisation des données :

- De nombreuses réglementations mettent l'accent sur le principe de minimisation des données, encourageant la collecte des seules données nécessaires à la finalité spécifique. Cela s'applique également aux données géospatiales, pour lesquelles la collecte excessive d'informations est considérée comme une pratique contraire à l'éthique.

8. Évaluation des facteurs relatifs à la vie privée (PIA) :

- Certaines juridictions et normes recommandent de mener des évaluations des facteurs relatifs à la vie privée pour évaluer les risques et atténuer les impacts négatifs potentiels sur la vie privée avant d'entreprendre certaines activités de traitement de données, y compris des données géospatiales.

Le paysage réglementaire reflète la reconnaissance mondiale de l'importance de protéger la confidentialité des données géospatiales, différentes régions adoptant des approches spécifiques pour promouvoir la conformité et l'éthique dans l'utilisation de ces informations.

19.4. Responsabilité sociale des entreprises

La responsabilité sociale des entreprises (RSE) dans le contexte des données géospatiales implique une prise en compte éthique de l'impact social des activités liées à la collecte, au traitement et à l'utilisation de ces données. Voici quelques façons dont les organisations peuvent adopter des pratiques éthiques en matière de données géospatiales :

1. Transparence et communication :
    - Les organisations doivent faire preuve de transparence sur la manière dont elles collectent, traitent et utilisent les données géospatiales. Une communication claire avec les parties prenantes, y compris le grand public, est essentielle pour instaurer la confiance.

2. Consentement éclairé :
    - Les organisations doivent obtenir le consentement éclairé des utilisateurs pour la collecte et l'utilisation de données géospatiales, le cas échéant. Cela garantit que les individus connaissent et acceptent l'utilisation de leurs informations de localisation.

3. Minimisation des données :
    - Les pratiques éthiques impliquent la minimisation des données, c'est-à-dire la collecte uniquement des données géospatiales nécessaires à un objectif spécifique. Cela réduit le risque d'utilisation abusive ou de collecte excessive d'informations.

4. Sécurité des données :
    - La sécurité des données géospatiales est cruciale. Les organisations doivent mettre en œuvre des mesures de sécurité robustes pour protéger ces informations

contre tout accès non autorisé, garantissant ainsi la confidentialité et l'intégrité des données.

5. Équité et inclusion :

   - Les organisations doivent veiller à ce que la collecte et l'utilisation des données géospatiales soient équitables et inclusives. Cela signifie considérer la manière dont les pratiques affectent différents groupes sociaux et garantir qu'il n'y a pas de discrimination.

6. Évaluation des facteurs relatifs à la vie privée (PIA) :

   - La réalisation d'évaluations des facteurs relatifs à la vie privée permet d'identifier et d'atténuer les risques pour la vie privée associés à la collecte et à l'utilisation de données géospatiales. Cette pratique est particulièrement importante dans les projets à grande échelle.

7. Collaboration communautaire :

   - La collaboration avec la communauté locale est une pratique éthique. Les organisations peuvent impliquer la communauté dans le processus décisionnel sur la manière dont les données géospatiales seront utilisées dans leur environnement, en tenant compte de leurs opinions et de leurs besoins.

8. Éducation et sensibilisation :

   - Les organisations ont la responsabilité d'éduquer leurs employés, leurs clients et la communauté au sens large sur les implications éthiques des données géospatiales. Cela inclut la sensibilisation à la vie privée, à la sécurité et à l'impact social.

9. Conformité aux réglementations et aux lois :
- Le respect des normes et lois locales et internationales liées à la vie privée et à la protection des données est un élément fondamental de la responsabilité sociale des entreprises. Cela implique de se tenir au courant de l'évolution de la réglementation et d'ajuster les pratiques si nécessaire.

La responsabilité sociale des entreprises dans le contexte des données géospatiales répond non seulement à des considérations éthiques, mais établit également une base solide de confiance entre les organisations et leurs parties prenantes, contribuant ainsi à un environnement de données plus éthique et durable.

19.5. Recommandations éthiques

La gestion éthique des données géospatiales est essentielle pour protéger la vie privée, garantir l'équité et renforcer la confiance du public. Voici quelques recommandations éthiques pour guider la collecte, l'utilisation et le partage de données géospatiales :

1. Transparence et communication :

- Soyez transparent sur la manière dont les données géospatiales sont collectées, traitées et utilisées. Fournir des informations claires aux utilisateurs, expliquant les finalités de la collecte et la manière dont les données seront utilisées.

2. Consentement éclairé :

- Rechercher un consentement éclairé autant que possible. Permettez aux utilisateurs de contrôler leurs informations de localisation et proposez des options claires pour activer ou désactiver la collecte de données géospatiales.

3. Minimisation des données :

- Collecter uniquement les données géospatiales nécessaires à l'objectif spécifique. Évitez la collecte excessive ou aveugle d'informations, minimisant ainsi les risques d'utilisation abusive.

4. Sécurité des données :

- Mettre en œuvre des mesures de sécurité robustes pour protéger les données géospatiales contre tout accès non autorisé. Assurez-vous que les données sont stockées et transmises en toute sécurité, réduisant ainsi le risque de failles de sécurité.

5. Équité et inclusion :

- Considérer les impacts différentiels que les pratiques en matière de données géospatiales peuvent avoir sur différents groupes sociaux. Éviter les pratiques qui pourraient entraîner des discriminations ou des inégalités et promouvoir l'équité dans l'accès et l'utilisation des données.

6. Évaluation des facteurs relatifs à la vie privée (PIA) :
- Mener des évaluations des facteurs relatifs à la vie privée pour identifier et atténuer les risques liés à la vie privée associés à la collecte et à l'utilisation de données géospatiales. Ceci est particulièrement important dans les projets à grande échelle.

7. Anonymisation et pseudonymisation :
- Dans la mesure du possible, anonymiser ou pseudonymiser les données géospatiales pour protéger l'identité des individus. Cela réduit la possibilité de suivre directement les informations vers des personnes spécifiques.

8. Collaboration communautaire :
- Impliquer la communauté dans le processus décisionnel concernant la collecte et l'utilisation des données géospatiales dans son environnement. Tenir compte des préoccupations et des besoins de la communauté pour garantir une approche inclusive.

9. Éducation et sensibilisation :
- Éduquer les employés, les utilisateurs et les parties prenantes sur l'importance de la confidentialité et de

l'éthique dans les données géospatiales. Promouvoir la sensibilisation aux impacts sociaux et individuels de ces pratiques.

10. Responsabilité sociale des entreprises :
- Adopter des pratiques de responsabilité sociale d'entreprise lorsqu'il s'agit de données géospatiales. Tenez compte non seulement des obligations légales, mais également de l'impact social plus large de vos activités.

11. Conformité réglementaire :
- Se conformer strictement aux réglementations locales et internationales liées à la confidentialité et à la protection des données géospatiales. Restez informé de l'évolution des lois et ajustez les pratiques si nécessaire.

En suivant ces recommandations éthiques, les organisations peuvent contribuer à créer un environnement de données géospatiales plus éthique, transparent et fiable, en promouvant l'utilisation responsable et équitable de ces informations.

Chapitre 20 : Conclusion et perspectives d'avenir

20.1. Impact des données géospatiales

Les données géospatiales ont joué un rôle fondamental dans la transformation de la façon dont nous comprenons, interagissons et relevons une variété de défis dans différents secteurs de la société. La géoinformation, qui comprend des données géospatiales telles que des cartes, des coordonnées géographiques et des informations de localisation, a des impacts significatifs sur la prise de décision, la planification et l'innovation dans plusieurs domaines. Explorons l'impact de ces données sur certains secteurs clés :

1. Urbanisme :
   - La géoinformation est essentielle au développement et à la planification urbaine. Il fournit des informations détaillées sur l'utilisation des terres, la densité de population et les infrastructures existantes.
   - Permet l'identification des zones à risque, facilitant le développement durable et l'atténuation des catastrophes.

2. Logistique et transports :

- Les données géospatiales optimisent les opérations logistiques, en fournissant des informations détaillées sur les itinéraires, le trafic et l'état des routes.
- Contribuer à l'efficacité des transports, à la réduction des coûts et à l'amélioration de la livraison des marchandises.

3. Agriculture de précision :
- Les informations sur le sol, le climat et la topographie, collectées grâce aux données géospatiales, sont cruciales dans l'agriculture de précision.
- Optimiser l'utilisation des ressources, améliorer l'efficacité des pratiques agricoles et réduire l'impact environnemental.

4. Gestion des ressources naturelles :
- Les données géospatiales sont fondamentales dans la gestion durable des écosystèmes, de la biodiversité et des ressources en eau.
- Faciliter une prise de décision éclairée pour la préservation et la surveillance de l'environnement.

5. Santé publique :
- Ils permettent de cartographier les tendances des maladies et la qualité de l'air, aidant ainsi à formuler des stratégies de santé publique.
- Ils sont essentiels dans les situations d'urgence, car ils aident à localiser les ressources médicales et à distribuer efficacement l'aide.

6. Secteur de l'énergie :

- Dans le secteur de l'énergie, les données géospatiales sont utilisées pour localiser de manière optimale des installations telles que des parcs éoliens et des centrales solaires.

- Contribuer à la gestion des réseaux électriques et à la prévention des catastrophes naturelles.

7. Éducation et recherche :

- Ils facilitent la visualisation et la compréhension de phénomènes géographiques complexes, soutenant les activités d'enseignement et de recherche.

- Ils sont précieux pour les études environnementales, climatiques et géologiques.

8. Sécurité publique :

- Les données géospatiales facilitent les opérations de sécurité publique, permettant la visualisation des zones de criminalité, la planification des itinéraires pour les interventions d'urgence et la gestion d'événements à grande échelle.

9. Affaires et marketing :

- Ils sont utilisés pour analyser la localisation des clients, identifier les opportunités de marché et développer des stratégies d'expansion commerciale.

- Les applications mobiles géolocalisées et les services en ligne bénéficient directement de ces données.

10. Science et recherche spatiale :

- Ils jouent un rôle crucial dans les missions spatiales, depuis la localisation précise des sondes jusqu'à l'analyse des données collectées sur d'autres corps célestes.

Les données géospatiales ont une profonde influence sur pratiquement tous les secteurs de la société moderne. Sa capacité à fournir des informations détaillées sur le monde qui nous entoure stimule l'innovation, améliore l'efficacité et permet une prise de décision plus éclairée aux échelles locale et mondiale. Les progrès continus de ces technologies promettent des contributions encore plus positives à la manière dont nous comprenons et interagissons avec notre planète.

20.2. L'avenir de la géoinformation

L'avenir de la géoinformation est passionnant, porté par une convergence de technologies émergentes, d'avancées significatives et de tendances qui façonneront la façon dont nous utilisons et comprenons les données géospatiales. Plusieurs perspectives peuvent être explorées :

1. Intelligence artificielle et apprentissage automatique (IA/ML) :

- L'IA et le ML joueront un rôle central dans l'analyse des données géospatiales, permettant des informations plus approfondies et l'automatisation des processus.

- Des algorithmes avancés seront capables d'identifier des modèles complexes et de prédire les changements à des échelles géographiques et temporelles.

2. Réalité augmentée et virtuelle (AR/VR) :

- L'intégration de la RA et de la VR avec les données géospatiales offrira des expériences immersives aux utilisateurs, permettant la visualisation tridimensionnelle des informations géographiques.

- Ces technologies seront fondamentales dans les environnements d'urbanisme, de tourisme et de formation.

3. Analyse prédictive et Big Data :

- L'analyse prédictive continuera d'évoluer, offrant la possibilité d'anticiper les événements géographiques, du changement climatique aux modèles de trafic.

- Les environnements Big Data permettront le traitement en temps réel de grands volumes de données géospatiales.

4. Réseaux 5G :

- La mise en œuvre généralisée des réseaux 5G permettra une transmission et une réception plus rapides des données géospatiales en temps réel.

- Des secteurs tels que les transports, la santé et les urgences bénéficieront d'une connectivité ultra-rapide pour une prise de décision instantanée.

5. Capteurs et IoT :

- L'augmentation du nombre de capteurs et d'appareils IoT collectera des données géospatiales en temps réel, offrant ainsi une vision plus dynamique de l'environnement.
- Les secteurs de l'agriculture, de l'environnement et de la sécurité publique bénéficieront d'une surveillance continue.

6. Blockchain pour les dés géospatiaux :

- La technologie Blockchain peut être utilisée pour garantir l'intégrité et l'authenticité des données géospatiales, fournissant ainsi un enregistrement transparent et inaltérable.
- Ceci est crucial dans des applications telles que la propriété foncière et les registres gouvernementaux.

7. Villes intelligentes et mobilité :

- Le développement des villes intelligentes s'appuiera fortement sur les données géospatiales pour optimiser les infrastructures, les services urbains et la mobilité.
- L'intégration des véhicules autonomes et des systèmes de transport intelligents reposera largement sur ces données.

8. Collaboration et normes ouvertes :

- La collaboration entre les organisations et l'adoption de normes ouvertes seront cruciales pour garantir l'interopérabilité et l'échange efficace des données géospatiales.

- Des initiatives mondiales pourraient émerger pour normaliser la collecte, le stockage et le partage d'informations géographiques.

9. Confidentialité et éthique :

- Les problèmes de confidentialité augmenteront à mesure que davantage de données de localisation seront collectées. De nouvelles réglementations et pratiques éthiques émergeront pour protéger les individus.

- Les outils d'anonymisation et de contrôle des données pourraient devenir plus importants.

10. Éducation et sensibilisation :

- L'enseignement de la géoinformation deviendra un élément fondamental des programmes d'études dans divers domaines, permettant aux professionnels de comprendre et d'utiliser efficacement les données géospatiales.

Ces perspectives ne représentent qu'un premier aperçu de ce qui est à venir. L'avenir de la géoinformation sera certainement caractérisé par des innovations continues, une collaboration mondiale et une compréhension de plus en plus approfondie de notre monde grâce aux données géospatiales.

20.3. Encouragement à la poursuite de l'exploration

Cher lecteur,

En vous lançant dans le voyage fascinant des données géospatiales, vous ouvrez les portes d'un vaste univers de découvertes, d'innovations et d'applications percutantes. L'exploration continue dans ce domaine dynamique offre des opportunités de croissance professionnelle et contribue à des progrès significatifs dans diverses industries.

1. Recherche multidisciplinaire :
   - Explorez les intersections entre les données géospatiales et d'autres disciplines telles que l'informatique, la biologie, l'économie et la sociologie. De nombreux progrès se produisent dans des domaines de convergence.

deux. Innovations technologiques :
   - Être au courant des dernières innovations technologiques telles que l'intelligence artificielle, l'apprentissage automatique et la réalité augmentée. Ces technologies façonnent l'avenir des données géospatiales.

3. Applications émergentes :

- La recherche continue sur les applications émergentes telles que les villes intelligentes, l'agriculture de précision et les soins de santé géolocalisés offre des opportunités pour développer des solutions innovantes.

4. Participation aux communautés :
- S'engager dans les communautés de géoinformation, participer à des conférences, des ateliers et des forums en ligne. L'échange d'idées avec des pairs et des experts stimule l'apprentissage et la découverte.

5. Formation continue :
- Restez à jour avec l'évolution des cours et des certifications dans le domaine des données géospatiales. La formation continue est cruciale pour suivre l'évolution rapide des technologies et des pratiques.

6. Exploration des données ouvertes :
- Tirer parti des avantages des données géospatiales ouvertes disponibles. De nombreuses organisations et gouvernements partagent des ensembles de données précieux qui peuvent être explorés pour des études et des projets personnels.

7. Projets pratiques :
- Mettez vos connaissances en pratique à travers des projets personnels. L'élaboration de solutions pratiques

aux défis géospatiaux renforce l'apprentissage et peut aboutir à des contributions significatives.

8. Conscience éthique :

- Être conscient des considérations éthiques liées à la collecte et à l'utilisation de données géospatiales. Un développement éthique et responsable est essentiel pour garantir la confiance et l'acceptation généralisée de ces technologies.

9. Profiter des opportunités professionnelles :

- Être au courant des opportunités professionnelles dans les entreprises, les organismes gouvernementaux et les secteurs de recherche qui recherchent des experts en données géospatiales. Vos connaissances peuvent être un atout précieux.

10. Partage des connaissances :

- Contribuez à la communauté en partageant vos connaissances. Les blogs, articles et tutoriels peuvent non seulement consolider votre compréhension, mais également profiter à d'autres professionnels et passionnés.

Dans ce vaste domaine des données géospatiales, l'exploration est un voyage constant d'apprentissage et de découverte. En restant curieux, frais et engagé, vous développerez non seulement vos compétences, mais jouerez également un rôle important dans l'avancement de cette discipline dynamique.

Continuez à explorer, à innover et à contribuer au monde passionnant des données géospatiales.

Avec enthousiasme,
Collaborateurs de rapports géographiques